Revision und Revisionssumme

in rechtsgeschichtlicher und rechtsvergleichender Darstellung.

Vortrag, gehalten in der Internationalen Vereinigung für vergleichende Rechtswissenschaft und Volkswirtschaftslehre

am 29. Oktober 1904.

Von

Dr. Otto Fischer,

ord. Professor der Rechte in Breslau.

Springer-Verlag Berlin Heidelberg GmbH 1905

ISBN 978-3-662-31898-0 ISBN 978-3-662-32725-8 (eBook)
DOI 10.1007/978-3-662-32725-8

Sonderabdruck aus „Mitteilungen der Internationalen Vereinigung für vergleichende Rechtswissenschaft und Volkswirtschaftslehre zu Berlin", 1904. Heft 22.

§ 1.

Die Arten der Rechtsmittel.

Bei der Anrufung des obersten Gerichts handelt es sich nach dem in Zivilsachen fast allgemein gültigen Prinzip der drei Instanzen regelmäßig um Anfechtung eines Urteils der zweiten Instanz, welches auf der Grundlage unbeschränkter Kognition als Berufungsurteil ergangen ist. Daneben findet sich freilich die Einrichtung, daß das höchste Gericht bloß Gericht zweiter Instanz ist oder unter Umständen unter Überspringung des Berufungsgerichts direkt gegen Entscheidungen der ersten Instanz angerufen werden kann.

Die Gestaltung der dritten Instanz geschah und geschieht in drei Typen. Die Namen wechseln in den verschiedenen Ländern sehr und können leicht irreführen. Ich wähle hier die Namen Ober-Appellation, Rechtsrevision und Nichtigkeitsbeschwerde. Die beiden letzten Arten werden häufig zusammengeworfen, obwohl dies der geschichtlichen Entwicklung und der Sachlage widerspricht. Damit aber kein Mißverständnis entsteht, bemerke ich von vornherein, daß weder die französische Kassation noch die ehemalige preußische Nichtigkeitsbeschwerde unter die Nichtigkeitsbeschwerde im eigentlichen Sinne fallen und daß letztere als alleiniges Rechtsmittel letzter Instanz nirgends mehr existiert, sodaß für das Recht der Gegenwart eigentlich nur die beiden Typen Ober-Appellation und Rechtsrevision zu unterscheiden sind.

Die Ober-Appellation gewährt der höchsten Instanz eine volle und unumschränkte Kognition in formeller und materieller, tatsächlicher und rechtlicher Beziehung, die beiden anderen Rechtsmittel lassen nur eine beschränkte Beurteilung zu.

Die beschränkteste Kognition ist bei der eigentlichen Nichtigkeitsbeschwerde gegeben. Sie betrifft lediglich die Verletzung des

---

[1]) Benutzt wurden für die Rechtsvergleichung in erster Linie die Werke: v. Harrasowsky, Die Rechtsmittel im Zivilprozesse, 1879, und Leske und Loewenfeld, Die Rechtsverfolgung im internationalen Verkehr, Bd. 1, 2, 3, 1895, 1897, 1901. Diese sind im einzelnen nicht mehr zitiert.

Prozeßrechts, die Frage, ob das angefochtene Urteil wegen eines prozessualischen Verstoßes im Berufungsverfahren nichtig und daher aufzuheben ist. Auf den materiellen Inhalt des Urteils ist dagegen nicht einzugehen und zwar weder in tatsächlicher noch in rechtlicher Beziehung.

Anders die Rechtsrevision. Diese erweitert das Gebiet der Nichtigkeitsbeschwerde um die Kritik der Rechtsanwendung des angefochtenen Urteils, sodaß neben der Prüfung der prozessualischen Verstöße auch eine Nachprüfung der Fragen eintritt, ob das Appellationsgericht das Recht in abstracto richtig verstanden und in concreto auf den Fall, sowie es ihn tatsächlich gewürdigt hat, zutreffend angewendet hat. Dagegen ist die Nachprüfung der Frage, ob eine tatsächliche Behauptung der Wahrheit gemäß oder nicht gemäß für festgestellt erachtet ist, der Rechtsrevision entzogen.

Im einzelnen sind diese Typen in den verschiedenen Ländern verschieden ausgestaltet und mehr oder minder rein durchgeführt. Es ist daher nötig, bei der ganzen Betrachtung auf die Hauptsache zu sehen und sich nicht durch Nebenumstände den Blick trüben zu lassen. Kleine, leicht zu beseitigende Übelstände, die sich bei der einen oder der anderen Ausgestaltung gezeigt haben, dürfen nicht dazu verwendet werden, den ganzen Typus zu diskreditieren. Dabei ist von vornherein zu betonen, daß die hier gezogenen Grenzen in der praktischen Anwendung flüssig werden. Sie teilen diesen schwankenden Charakter mit fast allen grundlegenden juristischen Abgrenzungen. Ich brauche in dieser Beziehung nur an die Gegensätze: Privatrecht und öffentliches Recht, streitige und freiwillige Gerichtsbarkeit zu erinnern. Flüssig ist zunächst die Grenze zwischen Rechts- und Tatfrage. Zu ersterer muß zwar auch die Subsumption des Falles unter die Rechtsnormen gerechnet werden. Sehr zweifelhaft aber ist z. B. die Frage, ob und inwieweit die Nachprüfung der Auslegung der Rechtsgeschäfte dazu gehört. Gewiß fällt sie insoweit unter die Rechtsfrage, als es sich um Verstöße gegen gesetzliche Auslegungsregeln handelt. Dagegen kann die konkrete Auslegung im übrigen nur von dem zur Rechtsfrage gerechnet werden, der mit einer jetzt überwundenen Anschauung die Rechtsgeschäfte als Gesetz ansieht und somit in jeder unrichtigen Auslegung einen Verstoß gegen die lex contractus findet. Teilt man diese rückständige Ansicht nicht, so muß die Frage, welche Willensmeinung der Parteien vorgelegen hat, bezw. sich aus der Urkunde ergibt, zur Tatfrage gerechnet werden. Es bedarf einer besonderen gesetzlichen Bestimmung, um die Rechtsrevision ihrem eigentlichen Charakter entgegen auch auf diesen Punkt zu erstrecken.

Aber nicht nur die Grenze zwischen Tat- und Rechtsfrage ist flüssig, sondern es kann auch recht zweifelhaft werden, ob es sich um einen prozessualischen Verstoß, oder um eine unrichtige tatsächliche Feststellung handelt. Der Grund dafür liegt darin, daß die tatsächliche Feststellung, wie das richterliche Urteil im ganzen, selbst ein Teil des Verfahrens ist, und daß das Verfahren überhaupt zum großen Teil den Zweck hat, die tatsächliche Feststellung vorzubereiten. Es können also sehr wohl prozessualische Verstöße vorliegen, welche die Art und Weise der tatsächlichen Feststellung und deren Grundlagen betreffen. Es ist nun im einzelnen Falle dem Kritiker eines Urteils, welchem eine darin getroffene tatsächliche Feststellung nicht gefällt, nicht immer leicht, mit Bestimmtheit zu sagen, ob die von ihm angenommene Unrichtigkeit in einem prozessualischen Verstoß ihren Grund hat oder nicht. Daher kann es vorkommen, daß im Eifer für die Erforschung der Wahrheit ein prozessualischer Verstoß auch da angenommen wird, wo strenge Prüfung lediglich eine Verschiedenheit der tatsächlichen Würdigung zu konstatieren hätte.

Danach ist es erklärlich, daß sich gerade der Typus der Rechtsrevision sehr verschieden gestalten kann, und daß die Gestaltung nicht bloß von den Gesetzen, sondern auch von der praktischen Handhabung abhängt. Die Behauptung, daß die Rechtsrevision das Bestehen einer Eventualmaxime voraussetze, ist ganz irrig. Auch zu dem Gegensatze Mündlichkeit und Schriftlichkeit verhält sie sich durchaus indifferent.

§ 2.
Allgemeine Beurteilung.

Wenn man zunächst rein praktisch und ohne Rücksicht auf die geschichtliche Entwicklung die Frage stellt, ob gegenwärtig für die höchste Instanz eine beschränkte oder eine unbeschränkte Kognition zu empfehlen sei, so werden diejenigen, welche dem höchsten Gerichte ausschließlich die Aufgabe zuschreiben, für die Güte der Rechtsprechung in abstracto zu sorgen, die Rechtseinheit zu wahren und die Rechtsfortbildung zu fördern, keinen Zweifel über die Antwort haben. Denn die Aufgabe eines „Hüters und Auslegers der Gesetze" vermag ein Gerichtshof offenbar viel besser zu erfüllen, wenn er von der Last der tatsächlichen Feststellung, die in den unteren Instanzen wohl im ganzen $^2/_3$ der richterlichen Arbeit verbrauchen mag, und die für diesen Zweck gar keine Bedeutung hat, befreit ist. Ich stehe nicht auf diesem Standpunkt, sondern teile mehr die Anschauung, welche Gneist auf dem Juristentage von 1861 vertreten hat, wo er sagt:[1]) „Ich glaube, wir können es gerade als einen Nationalzug ansehen, daß unsere Parteien den obersten Gerichtshof als zur Entscheidung ihres konkreten Rechts berufen ansehen, daß der gemeine Mann einen höchsten Gerichtshof, der nur über das Recht in thesi zu entscheiden hätte, kaum denken kann, er will sein Recht entschieden haben, nicht das Recht überhaupt." Es ist deshalb auch ein großer Irrtum, wenn man annimmt, daß das Abschneiden des Zugangs zum höchsten Gerichtshof den Rechts-

---

1) Verhandl. des 2. Juristentages. II. S. 565.

suchenden gleichgültig sein würde. Man wird vielmehr darin mit dem Reichsgerichts-Senatspräsidenten Bolze[1]) die Entziehung eines wertvollen Rechts sehen müssen, die jeden Staatsangehörigen berühren und auf dessen Bewahrung eine Nation hohen Wert legen muß. Aber auch von dieser Anschauung läßt sich die Gestaltung der dritten Instanz als Ober-Appellation nicht empfehlen. Auch Gneist, der betonte, daß das Volk die Verletzung der Wahrheit ebenso sehr fühle als die Verletzung des Rechts, gab doch zu, daß im allgemeinen eine Ober-Appellation weit über das Bedürfnis hinausgehe. Zu derselben Zeit warf Waldeck[2]) der Ober-Appellation vor, daß sie die Tätigkeit des höchsten Gerichtshofes auf eine Menge faktischer Momente zersplittere und daß darunter die Beurteilung der Rechtsfrage leide. Er sagte: „Gerade die Beschränkung auf ein bestimmtes, aber sehr großartiges Gebiet gibt einem höchsten Gerichtshof seine Würde und seine Bedeutung". Andererseits meinte er (der Ober-Tribunalsrat), daß nicht die mindeste Garantie vorhanden sei, daß das höchste Gericht die Tatsachen besser würdige. Stellung, juristische Befähigung, Blick über ein weiteres Gebiet will er als solche nicht gelten lassen, und er erinnert an den römischen Spruch: facti interpretatio et prudentissimos fallit, auch daran, daß es hier auf Personal- und Lokalkenntnis ankommt, die z. B. in Seesachen den Richtern der Hafenstädte mehr beiwohnt als den im Binnenlande sitzenden Mitgliedern höchster Gerichtshöfe.

Vor allen Dingen steht aber noch etwas anderes der Gestaltung der letzten Instanz als Ober-Appellation in jedem größeren Lande gebieterisch entgegen. Die Bearbeitung einer Sache im Wege der Ober-Appellation macht, wie schon bemerkt wurde, die zwei- bis dreifache Arbeit wie bei einem zweckmäßig beschränkten Rechtsmittel. Ausserdem vermehrt aber die Zulassung der Ober-Appellation die Möglichkeit des Angriffes gegen das Urteil der Vorinstanz ins Ungemessene und bewirkt so, daß das höchste Gericht mit viel mehr Sachen befaßt wird, als bei beschränkter Kognition. Man steht dann vor dem Dilemma, daß der höchste Gerichtshof entweder seine Arbeit nicht zu bewältigen vermag, oder daß durch äußere Mittel insbesondere die Bestimmung einer Beschwerdesumme der Zugang zum höchsten Gericht erschwert werden muß. Schon Waldeck hat wiederholt darauf aufmerksam gemacht, daß die Gestaltung der letzten Instanz als Ober-Appellation fast überall zur Feststellung sehr hoher Summen für die Zulässigkeit geführt habe. „Das geringste Nachdenken zeigt," sagt er, „daß bei der Ober-Appellation eine unverhältnismäßig hohe Summe als Objekt

---

[1]) Leipziger Tageblatt 1904, Nr. 147.

[2]) Neben Waldecks Schrift „Die Nichtigkeitsbeschwerde als das alleinige Rechtsmittel höchster Instanz" 1861 kommen in Betracht sein Gutachten für den 1. Juristentag (Verhandl. S. 30 ff), sowie seine mündlichen Ausführungen auf dem 2. Juristentage (Verhandl. S. 562, 572, 639).

des Rechtsmittels angenommen werden müßte und doch nur etwas ganz unvollkommenes geschaffen würde.“ Und an einer anderen Stelle: „Jedenfalls möchte in irgend welchem größeren Lande eine solche Idee wenigstens nicht allgemein durchführbar sein, weil doch einesteils die Arbeitskraft der Richter, andererseits die Vermehrung der Zahl derselben ihre Grenze hat. Man ist daher auch zur Feststellung sehr hoher Summen für die Zulässigkeit des Rechtsmittels dritter Instanz genötigt gewesen, was bei dem relativen Werte der Prozeßobjekte für die Armen oder Reichen natürlich nicht gebilligt werden kann.“ Dagegen sagt er von der Rechtsrevision: „Nur so läßt sich eine wirksame nicht auf sehr hohe Objekte beschränkte letzte Instanz herstellen, die zugleich einen Zentralpunkt für die Ausbildung der Rechtseinheit gewährt.“ Auch Harrassowsky macht in seinen 1879 erschienen rechtsvergleichenden Studien über die Rechtsmittel[1]) die Bemerkung, daß die Beschwerdesumme und ihre Verwendung in den verschiedenen Ländern in der Regel in umgekehrtem Verhältnisse zu der für angemessen erachteten Einschränkung des Umfanges der in der obersten Instanz zu überprüfenden Fragen stehe.

Eine Beschwerdesumme, insbesondere eine hohe wird auch von ihren Verteidigern nur als ein notwendiges Übel[2]) betrachtet. Sie schädigt die Rechtseinheit und Rechtsfortbildung, da sie zu wenig Spruchsachen vor den höchsten Gerichtshof bringt, manche Materien ganz seiner Kognition entzieht und der divergierenden Rechtsprechung der Gerichte zweiter Instanz überläßt. Sie setzt die Qualität der unkontrollierbaren Rechtsprechung der Gerichte zweiter Instanz herab. Sie schädigt aber vor allem die Rechtsuchenden, indem sie ihnen den Schutz des höchsten Gerichtshofes entzieht. Daß es sich dabei direkt um Klassenjustiz handele, läßt sich ja nicht behaupten. Aber indirekt liegt eine solche vor, da der kleine Mann und der Mittelstand meist nur bei geringen Objekten in Betracht kommen, die aber für sie einen ganz anderen Wert haben, als für die Reichen. Der Anschein der Klassenjustiz ist vorhanden, wenn man bei den Zivilabteilungen der höchsten Gerichte nur Wohlhabende sieht, während andere Menschen nur mit seinen Strafsenaten Bekanntschaft machen können. Wenn man eine Ober-Appellation für die höheren Objekte einführt, ohne wenigstens für die kleineren Objekte ein beschränktes Rechtsmittel zuzulassen, sodaß die reichlichere Ausgestaltung des Rechtsmittels für große Sachen durch das gänzliche Entziehen bei kleineren erkauft werden muß, so kann man den Vorwurf des Plutokratismus kaum ablehnen. Eine solche Justiz kann sich nur da halten und Vertrauen ge-

---

[1]) a. a. O. S. 369.

[2]) Vergl. meine Abhandlung: „Die Entlastung des Reichsgerichts und die Verbesserung der Revision in Zivilsachen.“ (Berlin, W. Moeser 1904). S. 14—22.

nießen, wo sich die niederen Klassen daran gewöhnt haben, daß für sie ein ausgiebiger Zivilrechtsschutz nicht besteht. Vor allem wirkt eine Beschwerdesumme viel ungünstiger wie ein den Unterliegenden treffendes Succumbenzgeld, da dieses das Rechtsmittel nicht abschneidet und nicht den schädigt, der mit Fug die dritte Instanz anrufen konnte. Auch muß offenbar eine Beschränkung der Mündlichkeit in kleinen Sachen auch dem Freunde der reinen Mündlichkeit annehmbarer erscheinen, als eine auf die oberen Zehntausend beschränkte Mündlichkeit. Also gerade die Notwendigkeit, das höchste Gericht auch in Zivilsachen Arm und Reich zugänglich zu machen, und andererseits auch die Fragen, die erfahrungsmäßig nur bei kleinen Objekten vorzukommen pflegen, dem Spruche des höchsten Gerichts zuzuführen, führen mit Notwendigkeit zur Verwerfung der Ober-Appellation.

Ist man so genötigt, sich nach einer beschränkteren Ausgestaltung der höchsten Instanz umzusehen, so bleiben nur die beiden Typen der Nichtigkeitsbeschwerde und der Rechtsrevision. Von diesen ist die Nichtigkeitsbeschwerde im engeren Sinne offenbar unzulänglich. Es kann nicht genügen, wenn in der höchsten Instanz lediglich nachgeprüft wird, ob das Verfahren der Vorinstanz ein tadelloses war. Im Gegenteil. Es könnte eher auf diese Prüfung verzichtet werden, wie auf die Kritik der Anwendung des materiellen Rechts. Letztere ist auch für die Parteien viel wichtiger. Und vom allgemeinen Standpunkte ist zu sagen, daß eine gedeihliche Rechtspflege ein Vorbild haben muß an einer besonders ausgezeichneten Rechtsanwendung seitens des höchsten Gerichtshofes, zumal die rechtschöpferische Tätigkeit der Gerichte auch heute nicht aufgehört hat und nicht aufhören kann. Einem sklavischen und gedankenlosen Präjudizienkultus ist damit natürlich nicht das Wort geredet.

Daraus ergibt sich, daß nur die Rechtsrevision als Rechtsmittel dritter Instanz empfohlen werden kann.

§ 3.

Die römisch-gemeinrechtliche Entwicklung.

Der rechtsvergleichenden Übersicht muß eine kurze historische Skizze vorangehen. Das römische Recht hatte als ordentliches Rechtsmittel nur die Appellation ausgebildet, sodaß als Rechtsmittel gegen ein Appellationsurteil nur die Ober-Appellation in Betracht kommen konnte. Die Appellation ging durch das beneficium novorum über die bloße revisio in facto et iure hinaus und näherte sich einem vollständig neuen Verfahren. Eine dritte Appellation war aber regelmäßig ausgeschlossen.

Daneben bestand noch für den Verurteilten die Möglichkeit einer Verteidigung gegen die actio iudicati und ihr Gegenstück, die revocatio in duplum. Er konnte, allerdings sub periculo dupli, gegenüber der

Die Einteilung ist die folgende:

1. Teil. **Das deutsche Reich.**
2. Teil. **Auswärtige Angelegenheiten.**
   (Bearbeiter: Graf Hue de Grais, Regierungspräsident a. D.)
3. Teil. **Heer und Kriegsflotte.**
   1. Band. Allgemeine Bestimmungen. (Bearbeiter: Graf Hue de Grais, Regierungspräsident a. D.) 2. Band. Militärstrafrecht. (Bearbeiter: Dr. Schlayer, Reichsmilitärgerichtsrat.)
4. Teil. **Der preußische Staat.**
   1. Band. Staatsverfassung und Staatsbehörden. (Bearbeiter: Graf Hue de Grais, Regierungspräsident a. D. 2. Band. Staatsbeamte. (Bearbeiter: Bredow, Geh. Oberregierungsrat.) 3. Band. Kommunalverbände. (Bearbeiter: Graf Hue de Grais, Regierungspräs. a. D.)
5. Teil. **Finanzen.**
   1. Band. Finanzverwaltung. 2. Band. Direkte Steuern. 3. Band. Stempelsteuern. 4. Band. Zölle. 5. Band. Verbrauchssteuern. (Bearbeiter des 4. u. 5. Bandes: Lusensky, Geh. Oberregierungsrat.)
6. Teil. **Rechtspflege.**
   1. Band. Das bürgerliche Gesetzbuch. 2. Band. Handels- und Gewerberecht. 3. Band. Gerichtsverfassung. Gerichtliches Verfahren. 4. Band. Freiwillige Gerichtsbarkeit. 5. Band. Strafrecht.
7. Teil. **Polizei.** (Bearbeiter: Genzmer, Oberverwaltungsgerichtsrat.)
8. Teil. **Gesundheitswesen.** (Bearbeiter: Dr. Hornemann, Landrichter.)
9. Teil. **Bauwesen.** Bearbeiter: Dr. Münchgesang, Geh. Regierungsrat.)
10. Teil. **Personenstand und Armenwesen.**
11. Teil. **Kirche.** (Bearbeiter: Altmann, Geh. Oberregierungsrat.)
12. Teil. **Unterricht.**
    1. Band. Volksschulen. (Bearbeiter: v. Bremen, Wirkl. Geh. Oberregierungsrat.) 2. Band. Höhere Schulen. 3. Band. Universitäten. 4. Band. Kunst und Wissenschaft.
13. Teil. **Bergwesen.** (Bearbeiter: Kreisel, Oberbergrat.)
14. Teil. **Land- und Forstwirtschaft.**
    1. Band. Landwirtschaft. (Bearbeiter: Dr. Traugott Müller, Geh. Oberregierungsrat.) 2. Band. Forstwirtschaft. (Bearbeiter: Schultz, Landforstmeister a. D.) 3. Band. Agrargesetzgebung. (Bearbeiter: Dr. Rintelen, Regierungs-Assessor. 4. Band. Viehzucht und Tierheilwesen. (Bearbeiter: Küster, Geh. Oberregierungsrat.) 5. Band. Jagd. (Bearbeiter: Schultz, Landforstmeister a. D. und Regierungspräsident Frhr. v. Seherr-Thoß.) 6. Band. Fischerei. (Bearbeiter: Hoffmann, Geh. Regierungsrat.)
15. Teil. **Handel und Gewerbe.**
    1. Band. Handel. (Bearbeiter: Lusensky, Geh. Oberregierungsrat.) 2. Band. Gewerbe.
16. Teil. **Arbeiterfürsorge und Arbeiterversicherung.** (Bearbeiter: v. Loebell, Wirkl. Geh. Oberregierungsrat.)
17. Teil. **Schiffahrt.**
18. Teil. **Wege.**
19. Teil. **Eisenbahnen.** (Bearbeiter: Fritsch, Geh. Regierungsrat.)
20. Teil. **Post und Telegraphen.** (Bearbeiter: Aschenborn, Geh. Oberpostrat.

In diesen Werken, zu deren Bearbeitung sich eine Reihe höherer Reichs- und Staatsbeamten unter der Führung eines angesehenen, in der schweren Kunst gemeinverständlicher Darstellung des öffentlichen Rechts wohlerfahrenen und erprobten Fachmannes zusammengefunden haben, werden die verschiedentlich ergangenen Gesetze und Ausführungsbestimmungen in übersichtlichem Zusammenhange für die einzelnen Gebiete dargestellt. Ihre Wiedergabe erfolgt nach dem Wortlaute der amtlichen Veröffentlichung, doch sind alle Änderungen ersichtlich gemacht, die sie im Laufe der Zeit erfahren haben. Außerdem geben die angefügten Anmerkungen alle für das Verständnis und die Handhabung erforderlichen Erläuterungen und enthalten neben den grundlegenden Entscheidungen der höheren Behörden auch die Hauptergebnisse aus Wissenschaft und Praxis

Das **Gesamtwerk** eignet sich damit insbesondere für die Büchereien und die Sitzungs- und Vortragszimmer aller größeren Behörden, da es das Auffinden der anzuwendenden Bestimmungen ohne Zeitverlust möglich macht. Daneben bietet jedes **Einzelwerk** dem an dem behandelten Gebiet besonders Beteiligten in übersichtlicher und leicht verständlicher Anordnung den gesamten ihn angehenden Gesetzesstoff, den er somit nicht nur am Arbeitstische bequem zur Hand hat, sondern auch bei örtlichen Verhandlungen und Dienstreisen leicht mit sich führen kann.

Jedem Teile oder Bande ist ein (chronologisches) Verzeichnis der Bestimmungen und ein (alphabetisches) Sachverzeichnis beigegeben.

Von den vorstehend aufgeführten Bänden sind bereits erschienen, bezw. befinden sich im Druck:

I. Teil.

Das Deutsche Reich.

Reichsverfassung — Reichsangehörigkeit — Reichstag — Reichsbehörden und Reichsbeamte — Reichsfinanzen — Elsaß-Lothringen.

Von

Graf Hue de Grais,

Wirkl. Geh. Oberregierungsrat, Regierungspräsidenten a. D.

Gr. 8°. XII. u. 385 S. In Leinwand gebunden Preis 6 Mark.

Dieser Teil enthält in sechs Abschnitten alle das Deutsche Reich in seiner Gesamtheit (das Reichsstaatsrecht) betreffenden Bestimmungen. Ausgeschlossen sind nur solche Vorschriften, die in besondere Gebiete, namentlich in das der auswärtigen Angelegenheiten (2. Teil) und des Heeres und der Kriegsflotte (3. Teil) fallen. An die Darstellung der Reichsverfassung (I. Abschnitt) schließt sich die der besonderen Bestimmungen über die Reichsangehörigkeit (Erwerb und Verlust, Freizügigkeit und Auswanderung, II. Abschnitt) und den Reichstag (III. Abschnitt). Hierauf folgen die Reichsbehörden und Reichsbeamten (IV. Abschnitt), die Reichsfinanzen (Haushalt, Vermögen und Schulden, V. Abschnitt) und die Verfassung und Verwaltung des ein Glied des Reichs bildenden Reichslandes Elsaß-Lothringen (VI. Abschnitt). — Das Werk eignet sich damit zur besonderer Benutzung für die **Mitglieder der höheren Reichsbehörden und des Reichstags** sowie für **alle mit dem Studium des Reichsstaatsrechts Befaßten.**

III. Teil.

Heer und Kriegsflotte.

Dieser Teil, der für Militär- und Marinebehörden, Truppenstäbe, Offiziersbüchereien u. dergl. Bedeutung hat, zerfällt in zwei selbständige Bände.

1. Band.

Allgemeine Bestimmungen

von

Graf Hue de Grais,

Wirkl. Geh. Oberregierungsrat, Regierungspräsidenten a. D.

Gr. 8°. XIV. u. 733 S. In Leinwand gebunden Preis 14 Mark.

Der Band enthält alle das Heer und die Kriegsflotte betreffenden Bestimmungen mit Ausschluß des im 2. Bande behandelten Militärstrafrechts. Der I. Abschnitt betrifft die Zusammensetzung und Ergänzung des Heeres, sowie die besonderen privat- und öffentlichrechtlichen Verhältnisse der Militärpersonen (mit Ausschluß des Militärstrafrechts und der im III. Abschnitt enthaltenen Versorgung) und umfaßt somit alle Angelegenheiten, die sich im Reichsmilitärgesetz zusammengestellt finden. Die dem Staatsangehörigen außer der Wehrpflicht obliegenden Lasten bilden den Gegenstand des II. Abschnitts, während der IV. Abschnitt alle die Kriegsflotte betreffenden Vorschriften bringt, soweit diese nicht gemeinsam mit denen des Landheeres gegeben und in dem I. bis III. Abschnitt mitenthalten sind. — Der Band bildet somit insbesondere ein geeignetes Hülfsbuch **für alle mit Ersatz- und sonstigen Militär- und Marineangelegenheiten befaßten Behörden der allgemeinen Verwaltung** sowie für die **Bezirkskommandos**. Auch für **Geschäftszimmer, Bibliotheken** und **Lesezimmer** dürfte das Werk von hervorragendem Nutzen sein.

2. Band.

Militärstrafrecht

von

Dr. Schlayer,

Reichsmilitärgerichtsrat.

Gr. 8°. XIII. u. 690 S. In Leinwand gebunden Preis 14 Mark.

Dieser Band umfaßt im I. Abschnitt das materielle Strafrecht (Militärstrafgesetzbuch mit allen zugehörigen Bestimmungen), im II. das Strafverfahren (Militärstrafprozeßordnung gleichfalls mit den zugehörigen Bestimmungen) und im III. das Disziplinarstrafrecht (Disziplinordnung, Vorschriften über Ehrengerichte, und über Dienstvergehen der richterlichen Militärjustizbeamten). — Das Werk ist danach für **Mitglieder und Beamte der Militärgerichte** bestimmt, sowie für **Offiziere, die als Beisitzer oder Untersuchungsführer, und für Rechtsanwälte, die als Verteidiger bei diesen Gerichten tätig sind.**

IV. Teil.

Der preußische Staat.

1. Band.

Staatsverfassung und Staatsbehörden.

Von

Graf Hue de Grais,

Wirkl. Geh. Oberregierungsrat, Regierungspräsidenten a. D.

Gr. 8°. XIII. u. 608 S. In Leinwand gebunden Preis 9 Mark.

Der Band behandelt die Preußische Staatsverfassung und die Staatsbehörden. — Der I. Abschnitt bringt die Preußische Verfassungsurkunde und im Anschluß an diese eine Reihe von Gesetzen, die sich auf die Rechtsverhältnisse des Staates und des Königs beziehen. Der II. Abschnitt enthält die Bestimmungen über die Zusammensetzung und die Geschäftsführung der beiden Häuser des Landtages. Die Staatsbehörden der allgemeinen Verwaltung zerfallen in oberste Behörden (III. Abschnitt), die für den ganzen Staat, und in Mittelbehörden (IV. Abschnitt), die nur für Teile desselben bestimmt sind. Beide Abschnitte enthalten neben den die neue Verwaltungsorganisation betreffenden Gesetzen über die Landesverwaltung und die Zuständigkeit eine Reihe von älteren Bestimmungen, die vielfach veraltet und verändert sind, dabei aber — abgesehen von einem längst veralteten Kommentar zur Regierungsinstruktion — bislang noch keine Bearbeitung erfahren haben. Der V. Abschnitt bringt mehrere besondere Bestimmungen über Verfahren und Geschäftsgang, die neben den hierüber in den Gesetzen wegen Einrichtung der Behörden (Abschnitt III und IV) enthaltenen Vorschriften ergangen sind.

Das Werk eignet sich damit zu besonderer Benutzung für Mitglieder der höheren Staatsbehörden und des Landtags, sowie für alle mit dem Studium des preußischen Staatsrechts Befaßten.

3. Band.

Kommunalverbände.

Gemeinsame Bestimmungen — Landgemeinden und Gutsbezirke — Städte — Kreise — Provinzen.

Von

Graf Hue de Grais,

Wirkl. Geh. Oberregierungsrat, Regierungspräsidenten a. D.

(Unter der Presse.)

VII. Teil.

Die Polizei.

Polizeiverwaltung — Strafpolizei — Sicherheitspolizei — Ordnungspolizei.

Von

St. Genzmer,
Oberverwaltungsgerichtsrat.

(Unter der Presse.)

IX. Teil.

Das Bauwesen.

Staatsbauverwaltung — Baurecht — Baupolizei.

Von

Dr. jur. F. Münchgesang,
Geh. Regierungsrat und vortragender Rat im Ministerium der öffentlichen Arbeiten.

Gr. 8°. XII. u. 506 S. In Leinwand gebunden Preis 10 Mark.

In dem Bande sind alle den Hochbau betreffenden gesetzlichen Bestimmungen zusammgefaßt. Der erste, die Staatsbauverwaltung betreffende Abschnitt enthält die für die Baubehörden des Staats, die Staatsbaubeamten und das Verfahren in Bausachen maßgebenden Vorschriften. Der zweite, vom Baurecht handelnde Abschnitt umfaßt privat- und öffentlich-rechtliche Vorschriften, die sich für den Bauenden aus den Beziehungen zum Grundeigentume ergeben, und welche ihm zum Schutze dritter, insbesondere der Nachbarn und zur Vermeidung der Schädigung allgemeiner Interessen des Staates und der Gemeinde Beschränkungen auferlegen. Die Baupolizei wird umfassend im dritten Abschnitt behandelt. Die aus Rücksichten der Feuersicherheit, der Verhütung von Unglücksfällen, des Verkehrs, der Gesundheit und des Schönheitsgefühls erlassenen Baubeschränkungen finden hier ihren Platz. — **Der Teil hat hiernach für die Beamten der Staatshochbauverwaltung, die mit der baulichen Entwicklung der Gemeinden und mit der Baupolizei befaßten Beamten, für das bauende Publikum und die auf dem Gebiete des Baurechts entscheidenden Richter Bedeutung.**

XIV. Teil.

Land- und Forstwirtschaft.

Von diesem auf sechs selbständige Bände berechneten Teile, der in seiner Gesamtheit für Landwirtschaftskammern, landwirtschaftliche Vereine, Lehranstalten und Behörden in Betracht kommt, sind bislang der 2. und 5. Band erschienen.

2. Band.

Die Forstwirtschaft.

Forstschutz — Staatsforsten — Gemeinde- und Anstaltsforsten — Privatforsten.

Von

W. Schultz,

Landforstmeister a. D.

Gr. 8°. XII. u. 428 S. In Leinwand gebunden Preis 7 Mark.

Die Bearbeitung des Bandes zerfällt in vier Abschnitte. Der erste enthält die dem Forstschutze dienenden strafrechtlichen und polizeilichen Bestimmungen und gilt für alle Forsten, während die drei folgenden Abschnitte die besonderen Vorschriften enthalten, die für Staats-, für Gemeinde- und Anstalts- und für Privat- und Genossenschaftsforsten ergangen sind. Der zweite, die Staatsforsten betreffende Abschnitt umfaßt die Einrichtung ihrer Verwaltung und die Ausbildung, Anstellung und die Dienstverhältnisse der Staatsforstbeamten. Der dritte Abschnitt handelt von der staatlichen Aufsicht über Betrieb und Verwaltung der Gemeinde- und Anstaltsforsten einschließlich der Anstellung und Besoldung der Kommunalforstbeamten. Der vierte Abschnitt enthält die einschränkenden Vorschriften, die im Interesse der Erhaltung und Bewirtschaftung der Privat- und Genossenschaftsforsten ergangen sind.

Das Werk bietet hiernach allen Forstbesitzern und Forstbeamten besonderes Interesse.

5. Band.

Die Jagd.

Jagdrecht — Jagdpolizei — Wildschaden — Jagdschutz.

Von

W. Schultz,

Landforstmeister a. D.

und

G. Freiherr von Seherr-Thoß,

Regierungspräsident.

Gr. 8°. XII. u. 179 S. In Leinwand gebunden Preis 4 Mark.

Der Band enthält die die Jagd betreffenden Bestimmungen. Die Bearbeitung zerfällt in vier Abschnitte. Der erste enthält die über das Jagdrecht ergangenen Bestimmungen, der zweite die der Ausübung dieses Rechts im Interesse der allgemeinen Sicherheit und der Erhaltung der Wildstände in der Jagdpolizei gezogenen Schranken, der dritte die die Verhütung und den Ersatz des Wildschadens betreffenden Vorschriften, während der vierte den Jagdschutz betrifft, wie er durch Strafbestimmungen und die Ermächtigung der Forst- und Jagdbeamten zum Waffengebrauche gewährt wird. In einem Nachtrag ist das neue Wildschongesetz vom 14. Juli 1904 angefügt.

Das Werk bildet damit einen zuverlässigen Berater für alle Jäger und Jagdfreunde.

XV. Teil.

Handel und Gewerbe.

1. Band.

Der Handel.

Verwaltung des Handels, Personen und Vertretung des Handelsstandes — Maße und Gewichte, amtliche Prüfung und Bezeichnung der Waren — Münzwesen, Bankwesen, Kredit- und Geldverkehr — Beschränkungen des Handelsbetriebes — Patent-, Gebrauchsmuster- und Warenbezeichnungsschutz.

Von

F. Lusensky,

Geh. Oberregierungsrat u. vortragender Rat im Ministerium für Handel u. Gewerbe.

Gr. 8°. XIV. u. 482 S. In Leinwand gebunden Preis 10 Mark.

Der Band enthält die über den Handel ergangenen öffentlich-rechtlichen Bestimmungen. Der I. Abschnitt handelt von der Verwaltung des Handels, den Personen und der Vertretung des Handelsstandes, insbesondere der Handelskammern, der II. von den Maßen und Gewichten und den bezüglich einiger Waren vorgeschriebenen amtlichen Prüfungen, der III. vom Münz- und Bankwesen, Kredit- und Geldverkehr; der IV. Abschnitt umfaßt die Beschränkungen, die dem Handelsverkehr durch die Vorschriften über Abzahlungsgeschäfte, unlauteren Wettbewerb, Wanderlager und Warenhausbesteuerung auferlegt sind, während der V. den Patent-, Muster- und Warenzeichenschutz betrifft.

Der Band kommt somit als Handbuch sowohl für die mit Verwaltung und Vertretung des Handels betrauten Behörden, Körperschaften und Beamten (Handelskammern, Handelsschulen, Handelsrichter), als für diejenigen in Betracht, die den Handel in seinen verschiedenen Zweigen als Kaufleute, Prokuristen, Bankiers usw. selbst ausüben.

Wir empfehlen das ebenso groß angelegte, wie weit ausschauende Unternehmen, das unter der Leitung und Mitarbeiterschaft des durch sein weitverbreitetes „Handbuch der Verfassung und Verwaltung" (16. Aufl. 1904) wohlbekannten Herrn Herausgebers erscheint, den beteiligten Kreisen zur Anschaffung mit dem Hinzufügen, daß alle Buchhandlungen Bestellungen auf das Werk annehmen.

24. 11. 04. 50.

actio iudicati geltend machen, daß überhaupt nicht judiziert sei, oder daß das Verfahren so mangelhaft gewesen sei, daß Verfahren und Urteil als ungültig zu betrachten seien. Diese Möglichkeit blieb ihm auch nach Ablauf der Appellationsfrist und sie wurde in der revocatio in duplum dahin erweitert, daß er während der 30jährigen Verjährungsfrist das geleistete Judikat zurückfordern konnte, freilich auch mit der Gefahr, im Falle der Abweisung der poena dupli zu verfallen. Zu einem eigentlichen Rechtsmittel sind aber diese Möglichkeiten, ein rechtskräftiges Urteil zu beseitigen oder wirkungslos zu machen, nicht zu rechnen, zumal sie keine Anrufung eines höheren Richters bedingten.

Grundsätzlich beschränkt sich die römische Nullität auf krasse Mängel des Verfahrens, Fehlen der richterlichen Gewalt, Prozeßunfähigkeit der Parteien u. dergl. Zu einer materiellen Nachprüfung war kein Raum, auch nicht in bezug auf die Rechtsanwendung. Eine gewisse Brücke scheint ja der vielfach gelehrte Satz zu bauen, daß auch Urteile contra ius in thesi clarum nichtig gewesen wären. Aber auch dadurch wäre ja keine Instanz zur Nachprüfung juristischer Zweifel geschaffen, da eben nur Verstöße gegen unzweifelhaftes Recht die Nichtigkeit begründet hätten. Es kommt aber hinzu, daß die römischen Quellen den Satz in dieser Form gar nicht enthalten. Zunächst schließen sie einen Angriff wegen falscher Subsumption aus.[1]) Es genügt ihnen aber im weiteren auch nicht, daß contra leges geurteilt ist, es muß vielmehr der Rechtssatz als solcher in Frage gestellt sein.[2]) Sie verlangen eine sententia expressim contra iuris rigorem data, specialiter contra leges prolata, contra manifesti iuris formam data.[3]) Es muß sich aus dem Urteil ergeben, daß der Richter bewußt gegen das Gesetz geurteilt hat; darin findet man einen Vorstoß gegen den Grundsatz des Verfahrens, daß der Richter seinem Urteil das Gesetz zugrunde zu legen hat.

Nach der Rezeption der fremden Rechte ist man in Deutschland dem römischen und kanonischen Rechte darin gefolgt, daß einziges, regelmäßiges und ordentliches Rechtsmittel gegen Appellationsurteile die Ober-Appellation blieb. Man befand sich in der Hauptsache in Übereinstimmung mit dem Schlußergebnis der einheimischen Rechtsentwicklung, dem Rechtszuge an die Oberhöfe, der auch in den lateinischen Quellen vielfach Appellation genannt wurde.

---

[1]) Fr. 32 D. de re iud. 42, 1: Cum prolatis constitutionibus contra eas pronuntiat iudex eo quod non existimat causam, de qua iudicat, per eas iuvari, non videtur contra constitutiones sententiam dedisse.

[2]) Fr. 1 § 2 D. quae sent. sine app. resc. 49, 8.

[3]) Fr. 19 D. de appell. 49, 1, c. 2 C. quando provoc. necesse non est, 7, 64.

Das alte Reich hatte nominell einen gemeinsamen höchsten Gerichtshof in den erst mit 16, dann mit 50, dann wieder mit 25 Urteilern besetzten Reichs-Kammergericht, mit welchem noch der Reichs-Hofrat konkurrierte. Das Reichs-Kammergericht war kein bloßes Appellationsgericht, insofern es für Reichsunmittelbare die erste Instanz bildete. Andererseits waren ihm aber durch die privilegia de non appellando der Territorien, welche teils unbeschränkt waren, teils bis zu gewissen Beschwerdesummen gingen, die Appellationen und Ober-Appellationen in erheblichem Umfange entzogen und den Landesgerichten vorbehalten. Wenn die Tätigkeit des „seligen" Reichs-Kammergerichts, wie Staatssekretär Nieberding kürzlich ausführte, „einen unlöschbaren Makel auf die Geschichte der deutschen Rechtsentwicklung geworfen hat", so hat dies neben der Schwerfälligkeit seinen Hauptgrund in der zu großen Ausdehnung des Rechtsmittels.

Waldeck sagte: „Es läßt sich nicht verkennen, daß nicht bloß die mangelhafte Besetzung, nicht bloß die zunehmende Auflösung der allgemeinen Rechtsverhältnisse, sondern vorzüglich auch die Ausdehnung in der Prozedur der Rechtsmittel Ursache gewesen ist, warum dieser höchste Gerichtshof für den praktischen Rechtsschutz so wenig geleistet hat — es braucht nur an die Endlosigkeit der Reichs-Kammergerichtsprozesse erinnert zu werden, um die Unzweckmäßigkeit eines Rechtsmittels zu begreifen, das die Totalität der Sache zur Entscheidung des höchsten Gerichtshofes brachte — Schriftlichkeit und Ober-Appellation haben die Langwierigkeit deutscher Prozesse sprichwörtlich gemacht und unser Verfahren dem Spotte ausgesetzt."

Als Abhilfe griff man zu dem Mittel der Beschwerdesumme, welches — nebenher bemerkt — auch insofern eine Rolle spielte, als die Revision gegen Urteile des Reichs-Kammergerichts an die Visitationskommission bezw. gegen Urteile des Reichs-Hofrats an den Kaiser von einer Beschwerdesumme von 3000 Gulden abhängig war. Man bestimmte im Jahre 1521 die Beschwerdesumme auf 50 Gulden, 1570 auf das dreifache, 150 Gulden, 1600 wurde verdoppelt auf 300 Gulden und 1654 wieder verdoppelt auf 600 Gulden, womit man bei dem 12fachen der ursprünglichen Beschwerdesumme angelangt war, ein eklatanter Beweis, wie solchen Beschwerdesummen die Tendenz innewohnt, sich immer weiter zu erhöhen und wie sie gleichwohl nicht dazu führen, der Prozeßverschleppung ein Ziel zu setzen.

Übrigens war man im alten Reich weit entfernt davon, bei mangelnder Beschwerdesumme jegliches Rechtsmittel gegen Appellations-Urteile zu versagen. Abgesehen von der im weiten Umfange zugelassenen Restitution zur Ermöglichung nachträglichen Vorbringens, gab es Rechtsmittel unter dem Namen der Supplikation, Revision oder Läuterung, die zum Teil auch mit der Ober-Appellation konkurrierten. Insbesondere hatte der jüngste Reichsabschied von 1654 im Anschluß an die Verdoppelung der Beschwerdesumme verordnet,[1]) „daß, auf den Fall die Summa nicht appellabel und den effectum devolutivum an das Kammergericht nicht gehaben könnte, daß alsdann der Partei ordentliche Obrigkeit die Akta durch gewisse unparteiische Rechtsgelehrte revidieren oder auf unparteiische Universität oder anderes Collegium iuridicum zu schicken und dero rechtliches Gutachten darüber zu erfordern schuldig sein." Es war also den Parteien in den kleinen Sachen, namentlich durch die Aktenversendung an die Universitäten, der Weg eröffnet, eine sachverständige Überprüfung des Appellations-Urteils zu erlangen. Die früher erwähnte römische Einschränkung, daß nicht zum dritten Male appelliert werden dürfe, hatte im kanonischen Recht die erweiternde Fassung erhalten, daß nicht gegen das dritte konforme Urteil appelliert werden dürfe. Partikularrechtlich war aber vielfach schon die Ober-Appellation gegen das zweite konforme Urteil ausgeschlossen.

Dazu trat nun aber noch die Nichtigkeitsbeschwerde, welche sich durch das kanonische Recht und die mittelalterlich italienische Doktrin und Praxis über das römische Recht hinaus zu einem förmlichen Rechtsmittel, zunächst freilich ohne Devolutiveffekt, entwickelt hatte. Der Kreis der Nichtigkeitsgründe war erweitert, insofern das kanonische Recht die iniquitas manifesta und die italienische Doktrin die Aktenwidrigkeit als Nichtigkeitsgründe anerkennen. Zunächst war die Nichtigkeitsbeschwerde mit ihrer 30jährigen Frist ein Mittel, die Endgültigkeit der Urteile auf ein Menschenalter in Frage zu stellen. Nachdem aber der jüngste Reichsabschied die nullitates insanabiles auf Nichtigkeiten in den Personen der Richter und der Parteien und in den substantialibus des Prozesses beschränkt, und im übrigen die Nichtigkeitsbeschwerde an die Appellationsfrist gebunden, aber mit Devolutiveffekt ausgestattet hatte, war sie eigentlich, soweit zugleich Appellation bezw. Ober-Appellation eingelegt wurde, praktisch mit dieser verschmolzen. Jedoch wurden beide insofern auseinandergehalten, als das Ober-Appellationsgericht zunächst prüfte, ob etwa sententia nulla vorläge, bejahendenfalles das Urteil aufhob und erst bei Verneinung der Frage auf die der Appellation zugrunde liegende Frage, ob sententia injusta sei, einging.

Eine selbständige Bedeutung behielt aber die querela nullitatis sanabilis für diejenigen Fälle, in denen wegen fehlender Beschwerdesummen die Ober-Appellation ausgeschlossen war, indem sie hier neben der Supplikation einen Ersatzrechtsbehelf darbot. Es muß aber immer wieder daran erinnert werden, daß diese Nichtigkeitsbeschwerde nicht die Aufgabe hatte, die Rechtsanwendung des angefochtenen Urteils nachzuprüfen, daß sie keine Rechtsrevision darstellte.

---

[1]) § 113 — Ähnlich schon § 16 des Reichs-Deputationsabschiedes von 1600 bei Erhöhung der Beschwerdesumme.

§ 4.

Französisches Recht.[1])

Die Rechtsrevision verdanken wir der eigenartigen Entwicklung des französischen Rechts. Ich mußte der heute in Paris stattfindenden Centenarfeier des code civil mit Rücksicht auf diesen Vortrag fern bleiben. Umso mehr freut es mich, heute dieses besondere Verdienst um die Fortentwicklung des Zivilprozesses hier hervorheben zu können. Schon im 13. Jahrhundert unter König Ludwig dem Heiligen wurden königliche Vertrauensmänner (maîtres des requêtes de l'hôtel) beauftragt, die an den König gerichteten Supplikationen in Empfang zu nehmen und einer Vorprüfung zu unterziehen. Seit dem 16. Jahrhundert unterschied man bei den in Prozeßsachen bei dem obersten Gerichtsherrn eingehenden Supplikationen, insbesondere den gegen die Urteile des Pariser Parlaments und der daneben getretenen Provinzialparlamente gerichteten zwischen Rechtsirrtum und faktischem Irrtum. Die Maîtres des requêtes verwiesen die Fälle, in denen sie Rechtsirrtum annahmen, nicht wie die Fälle des faktischen Irrtums an das erkennende Gericht zurück, sondern sie brachten diese an den conseil des parties, eine Sektion des grand conseil du roi, welche unter dem Präsidium des Königs oder Kanzlers ohne Verhandlung mit den Parteien die Sache materiell entschied. An diese Einrichtung knüpfte die französische Revolution an, als sie im Jahre 1790 den Kassationshof mit seinem im wesentlichen noch heute bestehenden Verfahren schuf. Man war in Anbetracht der Eingriffe, welche sich der alte conseil in die Justiz erlaubt hatte, darüber einig, daß die neue Behörde, welche man immer noch mehr als Aufsichtsorgan denn als eigentliches Instanzgericht ansah, unter keinen Umständen in der Sache selbst entscheiden dürfe, sondern sich auf die Frage beschränken müsse, ob eine Nichtigkeit vorliege, deren Bejahung nur zur Kassation des Urteils und Zurückweisung der Sache an das ordentliche Gericht führen könne. Letzteres ist zunächst nicht einmal an die Rechtsansicht des Kassationshofs gebunden, sondern erst bei der praktisch seltenen zweiten Kassation welche durch die vereinigten Kammern erfolgen muß.

Dagegen sind in der Organisation des Kassationshofs die Spuren der früheren Einrichtung deutlich zu sehen. Er erhielt für Zivilsachen eine doppelte Organisation, die chambres des requêtes anstelle der alten maîtres des requêtes und die chambres civiles zum Ersatze des conseil des parties. Die Vorprüfung wird in jedem Falle auf Grund einer einseitigen mündlichen Verhandlung durch die chambres des requêtes vorgenommen. In den von dieser ohne Angabe der Gründe zugelassenen Kassationsgesuchen entscheidet die chambre civile auf Grund zweiseitiger mündlicher Verhandlung, ob das Urteil zu kassieren

---

[1]) Vgl. Glasson in der „Grande encyclopédie s. v. cassation", sowie meine Abhandlung „Die Reform des Rechtsmittels der Revision im Zivilprozeß" in Iherings Jahrbüchern Bd. 38 S. 271 ff.

sei. In 20—50 % der zugelassenen Sachen erfolgt Zurückweisung des Gesuchs durch die chambre civile. Es liegt dann regelmäßig ein Widerspruch der beiden Kammern vor. Dies wird in Frankreich ertragen, während man eine Teilung der Kammern in mehrere gleichartige perhorresziert, um Widersprüche zu vermeiden.

Der große Fortschritt, der bei der Ausgestaltung der französischen Kassation gegenüber der alten querela nullitatis gemacht wurde, war der, daß die bei letzterer eigentlich nicht in Betracht kommende, jedenfalls in den Hintergrund gedrängte Frage, ob das materielle Recht, verletzt sei, allerdings mit der Beschränkung auf das einheimische Recht, in die erste Linie gerückt wurde, sodaß nun auch wirkliche Zweifelsfragen durch den obersten Gerichtshof gelöst werden konnten. Auch die Frage der richtigen Subsumption, welche der Nichtigkeitsbeschwerde entzogen war, wurde von der Kassation in den Bereich der Prüfung gezogen.

Die Prüfung des Prozeßverfahrens bleibt daneben bestehen. Der ursprüngliche gesetzliche Ausgangspunkt war der, daß nur bei ausdrücklich angedrohter Nichtigkeit ein Prozeßverstoß zur Kassation führen dürfe. Die Praxis des Kassationshofs hat aber auch sonstige formes substantielles berücksichtigt. Die Einzelheiten kann ich im Rahmen dieses Vortrages nicht darstellen. Frankreich besitzt ein ganz ausgezeichnetes und umfangreiches Werk des Kassationsgerichtsrats Crépon,[1]) welches unter Benutzung auch des ungedruckten Materials die Grundsätze und Grenzen der Kassation darstellt, wie sie die Praxis des Kassationshofs seit seinem Bestehen geübt hat. Einiges daraus habe ich bei anderer Gelegenheit mitgeteilt. Ich habe darauf hingewiesen, einerseits, daß der Kassationshof, obwohl der code civil in Art. 1134 sagt: les conventions tiennent lieu de loi à ceux qui les onts faites, die eigene Auslegung der Rechtsgeschäfte nur soweit in Anspruch nimmt, als er den rechtlichen Charakter derselben feststellt und nicht duldet, daß er denaturiert wird,[2]) wobei er die Urkunde selbst und nicht etwa eine aktenwidrige Mitteilung in den Gründen zugrunde legt, andererseits, daß auch der Mangel von Gründen Kassationsgrund ist. Aber es ist aufs schärfste zu betonen, daß der Kassationshof in ganz fester 100jähriger Praxis jeden Eingriff in die tatsächliche Feststellung vermeidet.[3]) Ob die Gründe gut oder schlecht sind, es genügt ihm, daß Gründe vorhanden sind. Er läßt den Appellationsrichter souverän in der appréciation des faits, da er, wie Crépon sagt, sonst selbst zu einem Appellationsgericht werden würde. In dieser möglichst scharfen Abgrenzung von Tat- und Rechtsfrage sehe ich das Hauptcharakteristikum des französischen Verfahrens.

---

[1]) Du pourvoi en cassation en matière civile, 1892.

[2]) Glasson sagt a. a. O.: La fausse interprétation d'un contrat ne donnerait jamais ouverture à la cassation.

[3]) Elle doit accepter les faits tels, qu'ils lui sont présentés par la décision qui lui est deferée, sagt Glasson.

Eine weitere Eigentümlichkeit ist die Beschränkung auf die moyens de cassation, welche die Parteien in ihrer bei dem Kassationshof selbst einzureichendes requête oder dem innerhalb Ausschlußfrist folgenden memoire ampliative vorgebracht haben, ohne daß aber eine bestimmte Bezeichnung verletzter Rechtsnormen vorgeschrieben ist. Dabei gilt der Grundsatz, und auch darin liegt eine nicht unerhebliche Beschränkung: le moyen ne doit pas être nouveau, der Punkt muß bereits in der Vorinstanz erörtert sein.

Weitere Besonderheiten sind:

1. Mitwirkung der Staatsanwaltschaft in jedem Falle. Sie hat auch die Befugnis, dans le seul intérêt de la loi eine nicht unter den Parteien wirksame Kassation des Urteils herbeizuführen, außerdem auch auf Anweisung des Justizministers wegen excès de pouvoir Kassation zu begehren.
2. Einleitung der mündlichen Verhandlung durch einen Berichterstatter, der bei der chambre des requêtes sogar öffentlich votiert.
3. Die Rollen des avoué und des advocat sind in einer Hand.
4. Die Kassation hat keinen Suspensiveffekt.

Neben dem Kassationsgesuch besteht noch die requête civile, ebenfalls aus der alten Supplikation entstanden, eigentlich mit dem Zweck, Übersehenes zur Geltung zu bringen, doch fallen unter dieses, ziemlich seltene Rechtsmittel auch gewisse prozessualische Verstöße, sodaß eine scharfe Abgrenzung gegenüber der Kassation fehlt.

Auch heute noch kommt der Pariser Kassationshof für Zivilsachen mit den beiden Kammern von je 16 Mitgliedern aus, von denen mindestens 11 an der Sitzung teilnehmen müssen. Die chambre civile erledigt nebenher noch die Wahlprüfungssachen, im Jahre 1896 2180, im Jahre 1901 nur 276. Die Kassationsgesuche sind von 671 im Jahre 1896 auf 744 im Jahre 1901 gewachsen, hauptsächlich infolge der übrigens auch mit viel Arbeit verbundenen zahlreichen Kassationsgesuche in den Unfallsachen (accidents de travail). Immerhin ist die Zahl der Kassationen im Verhältnis zur Einwohnerzahl des Landes auffällig gering. Die chambre des requêtes, welche dreimal in der Woche Sitzung hält, hat im Gerichtsjahr 1901/02 660 Urteile gesprochen und 1092 Sachen auf das neue Gerichtsjahr übertragen. Man hält das,[1]) obwohl die Rückstände wachsen, für durchaus normal und denkt an keine Abhilfe. Über Verschleppung und Überlastung wird nicht geklagt, obwohl die doppelte Bearbeitung durch zwei Kammern eine erhebliche, nicht unbedingt notwendige Mehrarbeit verursacht. Im Gegenteil, sagt Frankreichs erster Prozessualist:[2]) La cour de cassation

---

[1]) Auskunft gab freundlichst Herr Advokat Dr. Eugène Weber in Paris.

[2]) Glasson a. a. O. Die letzte mir zugänglich gewesene Statistik enthält den Bericht über die audience de rentrée des Kassationshofs vom 16. Oktober 1902.

telle qu'elle functionne aujourd'hui rend de l'aveu de tous d'immenses services.

Eine Kassationssumme gibt es in Frankreich nicht, und die Appellationssumme von 1200 M. schließt nicht, wie die Motive der deutschen Zivilprozeßnovelle irrtümlich annehmen, die Kassation aus. Diese geht vielmehr alsdann gegen die Urteile erster Instanz; nur in friedensgerichtlichen Sachen unter 80 M. ist sie regelmäßig ausgeschlossen.

Gegen zu viele unbegründete Kassationsgesuche schützt die Succumbenzstrafe von regelmäßig 150 M., welche bei Einlegung hinterlegt werden muß und bei Zurückweisung verfällt. Seltsamerweise wird sie bei Zurückweisung durch die chambre civile verdoppelt. Hinzu tritt die Verurteilung des Zurückgewiesenen zur Schadloshaltung des Gegners. Die Succumbenzstrafe fällt aber in Armenrechtssachen, zu denen die vorgenannten Unfallsachen gehören, fort. Die Armenrechtsbewilligung besorgt ein besonderes bureau d'assistance judiciaire, wie man denn überhaupt,. abgesehen von den Wahlsachen, den Kassationshof von Nebengeschäften, die mit erheblicher Arbeit verbunden sind, frei gehalten hat. Die Beschäftigung der Zivilkammer mit der Dreyfußsache kann als etwas ganz ausnahmsweises nicht mitzählen.

§ 5.

Rechtsrevision ohne Revisionssumme.

Die Rechtsrevision hat sich, und zwar meistens in der Form der französischen Kassation, fast ganz Europa erobert. Wenn ich das Deutsche Reich zunächst außer Betracht lasse, so stehen in Europa außerhalb der Rechtsrevision nur die nördlichen Länder: Skandinavien einschließlich Finland, Holland, Großbritannien und Irland, außerdem Ungarn und Montenegro. Dazu treten außerhalb Europas die Vereinigten Staaten von Nordamerika sowie Argentinien, während Brasilien und Costarica der Rechtsrevision unterstehen. Alle diese Staaten mit Rechts-Revision kommen wie Frankreich mit gar keiner oder einer ganz minimalen Rechtssumme aus, mit Ausnahme von Portugal, Brasilien, Costarica und der Schweiz. Auch wird die Rechtsrevision regelmäßig auch gegen inappellable Urteile erster Instanz gegeben, sodaß die Appellations-Summen ihren Wirkungskreis nicht einschränken. Vielfach ist die chambre des requêtes beseitigt worden.

In Belgien[1]) fällt das Sucumbenzgeld von 120 M. an den Gegner, auch darf der Kassationshof in der Sache selbst entscheiden. Die Staatsanwaltschaft sendet ihre schriftlichen Konklusionen dem Berichterstatter und konferiert mit ihm vor der Fertigstellung seines schriftlichen Referats.

---

[1]) Auskunft gab Herr Advokat de Buggenoms in Lüttich.

In Luxemburg kann der Kassationshof, wenn er vernichtet, eine neue tatsächliche Feststellung machen. Auch ist die Vorinstanz sofort an seine Rechtsanschauung gebunden.

In Spanien[1]) ist die Kassation nur gegen Urteile der von einer summa appellabilis nicht abhängigen Appellationsinstanz gegeben, Kassationsgrund ist auch der Widerspruch mit den Rechtsanschauungen der Praxis (doctrina legal), d. h. des Kassationshofes, dessen Sprüche in der Gesetzsammlung mitgeteilt werden. Die prozessualen wie materiellen Kassationsgründe sind im einzelnen im Gesetz ausgeführt. Erstere hängen von einer Rüge in der Vorinstanz ab. Die Kassation wird bei dem Appellationsgericht eingelegt, welches die Formalien prüft. — Der Kassationshof zerfällt für Zivilsachen in zwei Senate, von denen der eine bei Prozeßmängeln, der andere nur bei materiellen Rechtsverletzungen zuständig ist, eine Einrichtung, die vorübergehend aufgehoben, aber wieder eingeführt wurde. Nur der materielle Senat darf auch in der Sache selbst entscheiden. Bei Verbindung von materiellen und prozessualen Rügen geht die Sache zunächst an den prozessualischen Senat. Das Referat wird den Parteien vor der Sitzung mitgeteilt. Das bis 860 M. gehende Succumbenzgeld wird bei bloßen Prozeßrügen ermäßigt und verfällt zum Teil dem Gegner.

Wenn auch eine Beschwerdesumme generell nicht besteht, so ist doch in den Sachen bis 2580 M. die das Rechtsmittel zur Nichtigkeitsbeschwerde herabdrückende Beschränkung gegeben, daß Verstöße gegen das materielle Recht nicht geltend gemacht werden können. Das Verfahren ist prompt.

Neben der Kassation besteht aber noch recurso de suplica behufs Revision durch dasselbe Gericht, was namentlich für die Sachen unter 2580 M. wichtig ist.

In Monaco ist der Fürst, der sich eines Pariser conseil des jurisconsultes bedient, die Kassationsinstanz.

In Bulgarien gibt es neben der Kassation noch die Revision, auf Grund neu ermittelter Tatsachen.

Für Serbien ist nichts besonderes zu bemerken.

In Rumänien[2]) geht die Kassation gegen Friedensgerichtsurteile bis 240 M. an das zur Entscheidung in der Sache selbst befugte Tribunal und nicht an den Kassationshof. Die requête civile ist umgestaltet. Die Mitglieder des Kassationshofes werden alljährlich in die Zivil- und die Strafkammer verloost, was der Stetigkeit und dem Ansehen der Präjudizien schadet. Die Zivilkammer hält vier wöchentliche Sitzungen. Die Termine werden nach vier Monaten angesetzt, über Verschleppung wird nicht geklagt.

---

[1]) Den neuesten Stand in Spanien berichtete mir Herr Professor Dr. Altamira in Oviedo. Maßgebend sind jetzt Art. 1686 ff. der Ley de enjuiciamento civil vom 13. Februar 1881.

[2]) Auskunft gab Herr Professor Dr. Tanoviceanu in Bukarest.

In der Türkei ist die Trennung des Kassationshofes in die chambre des requêtes und die chambre civile beibehalten. Bei Immobiliarstreitigkeiten besteht Suspensiveffekt. Das Rechtsmittel wird bei der Vorinstanz angebracht.

In Griechenland[1]) hatte man bis 1834 die Ober-Appellation. Man war genötigt gewesen, bei Appellationen gegen ein konformes Appellationserkenntnis eine Beschwerdesumme von 8000 Phönix oder 5400 M. zu erfordern. Seit 1834 besteht aber die Kassation unter Abschaffung jeder Beschwerdesumme. Die vorher zu hinterlegende Succumbenzstrafe beträgt 54 M. Das Erscheinen der Parteien in der mündlichen Verhandlung ist nicht erforderlich. Der Areopag ist befugt, in der Sache selbst zu erkennen, wenn die kassierte Sache zum zweiten Male an ihn gelangt. Er besteht aus zwei Abteilungen mit 18 Mitgliedern. Die erste Abteilung hat lediglich die Zivil-Kassationen. Die zweite Abteilung hat die Straf-Kassationen, die Bestimmung des zuständigen Gerichts, Klagen gegen richterliche Beamte und die Entscheidungen in der Sache selbst in Zivilsachen. Bei Kassation im Interesse des Gesetzes und wegen Überschreitung der Amtsgewalt bei einem erneuten Kassationsgesuch gegen das zweite Berufungsurteil, welches sich der Rechtsanschauung des ersten Kassationsurteils nicht gefügt hat, bei Meinungsverschiedenheiten der beiden Abteilungen und bei Kompetenzkonflikten erfolgt eine auf die Rechtsfrage beschränkte Plenarentscheidung. Über den Geschäftsgang wird mir berichtet, daß erst mit Ende Oktober 1904 die Verhandlung der Sachen beginnt, welche auf die Audienzrolle des Jahres 1903 gesetzt sind, sodaß also ein starker Rückstand besteht.

In Italien bestehen in Zivilsachen noch fünf Kassationshöfe, von denen Rom nur in gewissen Sachen, z. B. Steuern, ausschließlich zuständig ist. Von Prozeßverstößen werden nur die unter Strafe der Nichtigkeit gestellten beachtet. Die übrigens in Armensachen in Wegfall kommenden Beschwerdesummen sind ganz gering, 20 M. für den Einzelrichter, 60 M. für die erste Instanz, 120 M. für die zweite Instanz. Die Zivilabteilungen der fünf Kassationshöfe haben 60 Mitglieder. Während Turin und Florenz prompt arbeiten, hatten am 1. Januar 1904 an Rückständen Rom 558, Neapel 835 und Palermo 1238 Sachen. Man schiebt das[2]) auf die Steigerung der Geschäfte und die Langsamkeit der Anwälte und Parteien. Sollte aber nicht auch die geographische Lage des Gerichts eine Rolle dabei spielen?

In Rußland[3]) fallen die Sachen unter 65 M. als Kassationsinstanz den Friedensrichter-Versammlungen zu. Gegen die Entscheidung der

---

[1]) Wertvolles Material gab Herr Advokat Dr. Aravantinos aus Athen, z. Z. in Berlin.

[2]) Auskunft gab Herr Kassationsgerichtsrat Setti in Turin.

[3]) Ich erhielt Berichte des Herrn Staatsrats Professor Dr. von Sokolski in Odessa und des Herrn Professor Dr. Grimm in St. Petersburg.

drei Handelsgerichte in Moskau, Petersburg und Odessa gibt es bei Objekten über 3250 M. Appellation an das gerichtliche Departement des dirigierenden Senats. Im übrigen besteht die Kassation an das Kassationsdepartement des dirigierenden Senats, welche bei der Vorinstanz eingelegt und von dieser hinsichtlich der Formalien geprüft wird. Daß dieses aus etwa 30 Mitgliedern bestehende Departement bei Erledigung der Kassationen aus dem ganzen russischen Reich mit Ausnahme von Finnland und zum Teil dem Kaukasus, wo das Appellationsgericht in Tiflis Kassationsinstanz für die Friedensgerichte ist, überlastet sein muß, liegt auf der Hand. Man hat, um es trotzdem arbeitsfähig zu erhalten, seit 18 Jahren eingeführt, daß die Sachen zunächst an Deputationen von drei Mitgliedern gehen. Nur wenn diese drei uneinig sind, gelangt die Sache in die allgemeine Versammlung von sieben, deren Entscheidungen allein zur Veröffentlichung gelangen. Zu der ziemlich bedeutungslosen mündlichen Verhandlung können die Parteien kommen. Berücksichtigt wird aber nur die schriftliche Rechtfertigung. Übrigens sollen Verletzungen des materiellen Rechts von Amtswegen beachtet werden. Man arbeitet so angestrengt, daß man 30—70 Sachen in einer Sitzung erledigt. Gleichwohl kommen die Sachen im Durchschnitt erst nach 1—2 Jahren zur Verhandlung. Die Einführung einer Beschwerdesumme steht nicht in Frage. Dagegen hat man eine Änderung in der Zuständigkeit getroffen, welche aber als reformatio in peius angesehen wird. Man hat 1889 in mehreren Gouvernements an die Stelle des Friedensrichter-Plenums eine Art Plenum der Landhauptleute gesetzt, welches als Appellations-Instanz fungiert. Ihm gegenüber bildet die Kassations-Instanz anstelle des Senats eine gemischte Gouvernementsbehörde, in der der Gouverneur, der Adelsmarschall und einige Bezirksrichter sitzen. Der Justizminister ist jedoch, aber nur im Einverständnisse mit dem Minister des Inneren, befugt, die hier entschiedenen Sachen dem Kassationsdepartement des Senats zur Nachprüfung zu überweisen.

Zuletzt komme ich auf Österreich, das aus verschiedenen Gründen für uns am bedeutsamsten ist. Es bestand bis 1895 Ober-Appellation, hier Revision genannt und daneben die alte Nichtigkeitsbeschwerde. Nach dem Gesetze war die Ober-Appellation bei Konformität der Vorentscheidungen ausgeschlossen, doch hat sich die Praxis darüber hinweggesetzt.

Seit 1895 ist die Revision bei dem obersten Gerichtshof zu einer Rechtsrevision geworden, die aber in manchen Punkten gegenüber der französischen Kassation selbständig ausgestaltet ist. Sie geht nur gegen Urteile zweiter Instanz, ist in Bagatellsachen bis 75 M. ausgeschlossen, hat aber sonst keine Revisionssumme. Die Prozeßmängel sind speziell aufgeführt, aber mit der Klausel, daß jede Hinderung erschöpfender Erörterung und gründlicher Beurteilung Revisionsgrund ist. Revisionsgründe sind insbesondere Aktenwidrigkeit, Mangel von Entscheidungsgründen, mangelnde und widerspruchsvolle Urteilsfassung. Die mit Suspensiveffekt ausgestattete Einlegung erfolgt bei dem Berufungsgericht, welches auch den Schriftwechsel mit dem Gegner veranlaßt. Das Gesuch muß die Revisionsgründe angeben. Die Entscheidung erfolgt ohne mündliche Verhandlung, da von der Befugnis zur Anordnung einer solchen kein Gebrauch gemacht wird. Regelmäßig entscheidet das oberste Gericht in der Sache selbst, jedenfalls ist die Vorinstanz an seine rechtliche Beurteilung gebunden. Bei mutwilliger oder zur Verzögerung angebrachter Revision können gegen Parteien und Advokaten Mutwillenstrafen verhängt werden, was auch geschieht.

Das Personal des obersten Gerichtshofs, dessen Bezirk ungefähr 26 Millionen Einwohner umfaßt, besteht aus 7 Präsidenten und 63 Räten. Die Räte sind meist sowohl in Zivilsachen wie in Strafsachen tätig. $^2/_3$ der Arbeitskraft ist hier — wie wohl fast überall — auf die Zivilsachen zu rechnen. Auf die Mitglieder fallen wöchentlich durchschnittlich $2^3/_4$ Zivilsitzungen. Da sie aber außerdem an vier der sieben wöchentlichen Strafsenatssitzungen teilzunehmen haben, so kommen sie auf fast 4 Sitzungen in der Woche. Gefällt sind 1903, wie ich zu meiner größten Überraschung vernahm,[1] 6495 Zivilurteile. Es fallen also auf jedes Mitglied 150 Urteile, und ein Präsident ist bei 1620 Urteilen beteiligt. Das Verfahren dauerte in 58 % der Sachen nicht länger als 3 Monate und in 92 % nicht länger als 6 Monate. Der oberste Gerichtshof ist stark beschäftigt, es besteht jedoch keine zu legislativen Abhilfemaßnahmen drängende Überlastung. Diese überraschende Leistungsfähigkeit ist offenbar wesentlich der Aufgabe des Mündlichkeitsprinzips zuzuschreiben. Über die Qualität der Rechtsprechung bestehen keine Klagen.

§ 6.

Rechtsrevision mit Revisionssumme im Auslande.

Portugal[2] hat sich mit seiner Revision der französischen Kassation eng angeschlossen, insbesondere darf nie in der Sache selbst entschieden werden. Aber die Entscheidung ist sofort für die Vorinstanz bindend, und die Vorprüfung durch die chambre des requêtes fällt weg. Die Richter votieren schriftlich. Der höchste Gerichtshof hat 15 Mitglieder in 2 Kammern für Zivil- und Strafsachen. Es genügen aber zur Beschlußfassung 3 Richter.

Es bestanden schon vor Einführung der Rechtsrevision für die damaligen Ober-Appellationen erhebliche Beschwerdesummen, welche beibehalten sind, ohne zu Klagen Veranlassung zu geben. In gewöhnlichen Zivilsachen sind es 1800 M., in Handelssachen allerdings 4500 M.

---

[1]) Die Angaben über die Geschäftslast verdanke ich dem Herrn Sektionschef im K. K. Justizministerium Prof. Dr. Klein.

[2]) Auskunft erteilte mir Herr Advokat Henrique Dally Alves de Sa in Lissabon.

und bei Konformität sogar 9000 M. Diese 1800 M. sind die höchste ordentliche Revisionssumme, die es bei der Rechtsrevision in Europa gibt. Es sind im Jahre 1903 900 Urteile, darunter 425 Zivilurteile, auf Rechtsrevision gesprochen worden. Trotz dieser mäßigen Beschäftigung kommen Rückstände vor, welche auf zu hohes Alter der Mitglieder zurückgeführt werden.

Von einem völligen Abschneiden des dreifachen Rechtsschutzes für kleinere Sachen ist aber in Portugal nicht die Rede. Es ist nämlich ohne Rücksicht auf die Höhe des Objektes das Rechtsmittel des Embargo gegeben, mittels dessen der Appellhof oder auch der Kassationshof um Revision seiner eigenen Entscheidung angegangen werden kann. Dabei dürfen auch neue Behauptungen und Urkunden, nicht aber neue Zeugen gebracht werden. Man betrachtet den Embargo als wirksames Mittel zur Erzielung der Regelmäßigkeit und Gerechtigkeit.

Brasilien, welches sich dem portugiesischen Muster angeschlossen hat, übrigens den schriftlichen Bericht des Referenten von 2 Korreferenten prüfen läßt und Beratung nebst Abstimmung öffentlich vornimmt, hat eine Revisionssumme von 5000 M., läßt aber ebenfalls für kleinere Ocjekte den Embargo als Rechtsgang bestehen.

In Costarica hat die Supplikation gegen Obergerichtsurteile im wesentlichen den Charakter der Kassation, da nur neu aufgefundene Urkunden zur Änderung der Tatfeststellung führen dürfen. Prozessualische Nichtigkeiten werden von Amtswegen beachtet. Wenn Konformität vorliegt und nicht neue Urkunden beigebracht werden können, besteht eine Beschwerdesumme von 44 000 M.

Wichtiger als diese exorbitanten, exotischen Erscheinungen sind für uns die Verhältnisse in der Schweiz.[1]) Bis zum Jahre 1874 lag hier der zivile Rechtsschutz ganz in den Händen der Kantone, die sich mit wenigen Ausnahmen notgedrungen mit einer Rechtsmittel-Instanz begnügten, die natürlich meistens als Appellation ausgestaltet war.

Da eröffnete das Gesetz vom 29. Mai 1874 die Berufung an das aus 2 Abteilungen mit 14 Mitgliedern und 9 Ersatzmännern besetzte, aber auch noch anderweit beschäftigte, insbesondere unter Umständen in erster Instanz entscheidende Bundesgericht in Lausanne. Sie ist als Rechtsrevision gebildet, bei der nur Verletzungen des Bundesrechts in Frage kommen. Die Berufung wird bei der Vorinstanz eingelegt, die Formalien prüft der Präsident der Abteilung vorab, Beratung und Abstimmung sind öffentlich.

Als man das Rechtsmittel 1874 einführte, fürchtete man eine Überlastung des Bundesgerichts und sicherte sich durch die hohe Berufungssumme von 2400 M. Die Praxis zeigte aber bald die mit einer solchen verbundenen Übelstände. Deshalb beantragte Bundesrichter

---

[1]) Das Material gab mir mein hiesiger Kollege Herr Professor Dr. Gretener.

Hafner, einer der bedeutendsten Praktiker der Schweiz, in seinem 1888 gefertigten Entwurf auf Grund 14jähriger Erfahrung die Herabsetzung der Berufungssummen auf 800 M. Er sagte: [1]) „Es unterliegt keinem begründeten Zweifel, daß solange die Anrufung des Bundesgerichts durch einen Wert des Streitgegenstandes von mindestens 3000 Fr. bedingt ist, das Rechtsmittel das ihm vorgesteckte Ziel, die einheitliche Anwendung des eidgenössischen Privatrechts zu sichern, nicht oder doch nur sehr ungenügend erreicht, und daß daher, sofern es dem Gesetzgeber mit der Herbeiführung einer einheitlichen Rechtsanwendung wirklich Ernst ist, in dieser Richtung eine Änderung im Sinne einer Herabsetzung des Streitwertes stattfinden muß. Ein Blick in die verschiedenen Zeitschriften, welche Urteile kantonaler Gerichte enthalten, zeigt zur Genüge einerseits, wie ungleich das eidgenössische Recht von jenen Gerichten ausgelegt und angewendet wird, und andererseits, daß die Praxis des Bundesgerichts eine viel zu seltene und spärliche ist, als daß sie Abhilfe schaffen und die einheitliche Anwendung des Bundesrechts sichern könnte. Daß aber bei der ungleichen Anwendung der eidgenössischen Gesetze nicht nur die erstrebte Gemeinsamkeit des Rechts verkümmert, sondern auch die Rechtssicherheit in bedenklichem Grade leidet, liegt auf der Hand.“

Das Gesetz vom 22. März 1893 hat dann die Berufungssumme auf 1600 M. herabgesetzt, übrigens den Schutz der Firmen, Marken, Muster, Modelle, Erfindungen, Urheberrechte ganz befreit. Indessen ist in den Sachen unter 1600 M. immer noch ein beschränkteres, Kassation genanntes Rechtsmittel zulässig, das aber nur darauf gestützt werden kann, daß zu Unrecht statt des Bundesrechts kantonales oder ausländisches Recht zur Anwendung gebracht sei. Andererseits — und das erscheint mir im allerhöchsten Maße beachtenswert — wird ein Unterschied zwischen den Sachen unter und über 3200 M. gemacht, insofern in den ersteren regelmäßig keine mündliche Verhandlung stattfindet, dafür aber schriftliche Rechtfertigung verlangt und schriftliche Beantwortung gestattet wird.

§ 7.

Ober-Appellation.

Zu der Gruppe der Ober-Appellation gehören zunächst die Vereinigten Staaten von Nordamerika und Argentinien, die in den Vereinigten Staaten gegebene Anrufung des obersten Bundesgerichtshofs charakterisiert sich in der Hauptsache als Ober-Appellation. Die damit erforderlich werdende Einschränkung des Rechtsmittels wird einmal gegeben durch Zulässigkeit der Verurteilung der unterliegenden Partei zu doppelten Kosten und 10 % Schadensersatz, außerdem aber

---

[1]) Zeerleder, Die Reorganisation der Bundesrechtspflege. 1888, Seite 6.

durch Festsetzung einer Beschwerdesumme. Diese beträgt gegenüber unteren Bundesgerichten 8000 M., sonst 4000 M. In Columbia kann bei Rechtsfragen von prinzipieller Bedeutung die Ober-Appellation auch bei kleineren Objekten erlangt werden. Übrigens darf der geringere Wert des Geldes in Amerika hier nicht außer Betracht bleiben.

In Argentinien ist der oberste Gerichtshof zweite Instanz und daher selbstverständlich als Appellationsgericht eingerichtet. Die Beschwerdesumme beträgt 800 M., doch kann auch in kleineren Sachen die Verletzung eines Bundesgesetzes Veranlassung zur Appellation geben.

Das klassische Land eines auf die herrschende Klasse beschränkten Rechtsschutzes war und ist auch großenteils noch England. Das gilt und galt nicht bloß von der obersten Instanz. So sagt Ernst Heymann in seinem Überblick über das englische Privatrecht:[1] „1846 wurden die Bagatellgerichte geschaffen, welche den ärmeren und mittleren Klassen die Jahrhunderte fast entbehrte Möglichkeit der Prozeßführung wieder verschafften.“ Das Rechtsmittel dritter Instanz ist in Groß-Britannien und Irland. wenigstens in der Regel, die Ober-Appellation an das englische Oberhaus. Es besteht zwar keine Beschwerdesumme, aber etwas Anderes, das den Rechtsschutz noch weit wirksamer auf die oberen Zehntausend beschränkt, nämlich die Verpflichtung zur vorherigen Sicherheitsleistung für die Prozeßkosten in Höhe von wenigstens 4000 M., von welcher auch — sehr charakteristisch — das Armenrecht nicht befreit. Immerhin ist aber zu beachten,[2] daß bereits der eine Appellhof Gericht für ganz England ist und daß hierdurch, sowie durch den Satz, daß Präjudizien für gleichgestellte und nachgeordnete Gerichte bindend sind, schon für eine gewisse Einheitlichkeit der Rechtsprechung gesorgt ist.

Im übrigen kommt die Ober-Appellation nur noch in kleineren Staaten vor, welche zum Teil nicht in der Lage sind, Bezirks-Appellationsgerichte einzurichten, sodaß für den als zweite Instanz fungierenden obersten Gerichtshof die Einrichtung als Appellationsgericht geboten erscheint.

In Montenegro herrscht eine patriarchalische Justiz. Der Fürst entscheidet über Beschwerden gegen das Obergericht in ganz freier Weise. Von einer Beschwerdesumme ist indessen nicht die Rede. „Wer nicht eines Groschens wegen zu mir kommt, um sein Recht zu verlangen,“ sagte Nikolaus I., „der ist keinen Groschen wert.“[3]

In Ungarn geht die Ober-Appellation an die Kurie in Budapest. Es konkurriert damit die Nichtigkeitsbeschwerde alten Stils mit 22 prozessualischen Nichtigkeitsfällen. Das neue Vorbringen ist eingeschränkt.

---

[1] Holtzendorff-Kohler, Enzyklopädie der Rechtswissenschaft, Seite 803.

[2] Worauf mich Herr Prof. E. Heymann hingewiesen hat.

[3] Kostik bei Löwenfeld a. a. O. II. S. 338.

Bei Konformität der Vorentscheidungen muß der Prozeßgegenstand über 425 M. wert sein. Es besteht eine Frivolitätsstrafe gegen die Advokaten, welche dabei Regreß an die Parteien nehmen können.

Ähnlich liegen die Verhältnisse bei der Septemviraltafel in Agram für Kroatien. Aber hier besteht keine Beschwerdesumme. Das Rechtsmittel heißt „Revision" und bei Konformität der Vorentscheidung „außerordentliche Revision".

In den Niederlanden[1]) fungiert der hohe Rat meistens als Gerichtshof zweiter Instanz. Das „Revision" genannte Rechtsmittel ist Appellation und an eine Beschwerdesumme von 700 M. geknüpft. In den kleineren Sachen bleibt aber die Rechtsrevision in der Form der Kassation.

In Schweden[2]) ist der höchste Gerichtshof mit 16 Mitgliedern in zwei Abteilungen und einem Plenum für Kontroversen der Abteilungen dritter Instanz gegenüber dem Hofgericht. Die Ober-Appellation, neben welcher aber die alte Nichtigkeitsbeschwerde ohne Beschwerdesumme fortbesteht, wird als examen prioris instantiae charakterisiert, bei dem aber neues Vorbringen gestattet ist. Eine Beschwerdesumme besteht auch für die Ober-Appellation nicht, wohl aber der vorweg zu erlegende Revisionsschilling bis 225 M., der indessen Armen erlassen wird. Daß der König mit zwei Stimmen teilnimmt, kommt praktisch nicht mehr vor. Die Sache gelangt aber zunächst in die sogenannte untere Justizrevision, wo ein durch das Loos bestimmter Sekretär ein Referat erstattet und mit zwei Kollegen ein Gutachten herstellt. Die Entscheidung erfolgt in nicht öffentlicher Sitzung ohne Anwaltszwang nach Verlesung der Schriftsätze.

Ähnlich ist das Verfahren in Finnland vor dem Justizdepartement des Senats in Helsingfors. An die Stelle der unteren Justizrevision kann ein Verhör durch zwei Sekretäre treten; Plenarsitzungen finden nicht statt.

In Dänemark ist das Hoiesteret mit neun Mitgliedern gegenüber dem Stadtgericht von Kopenhagen zweite, sonst dritte Instanz, aber auch in letzterem Falle Appellationsgericht. Der Satz, daß der Richter der unteren Instanz mit vor die höhere Instanz geladen werden muß, erinnert an die germanische Urteilsschelte. Es besteht eine Appellationssumme von 225 M., für die Kolonien 450 M., von der man aber Regierungsdispens unschwer erlangen kann, daneben eine kleine Succumbenzstrafe, höchstens $12^1/_2$ M.

Die noch geltende norwegische Prozeßordnung ist der dänischen nahe verwandt. Das Hoiesteret, sieben Mitglieder, aber zugleich für die Strafsachen, fungiert als Appellationsgericht gegenüber den

[1]) Auskunft gab Herr Professor Max Conrat in Amsterdam.

[2]) Für Skandinavien erhielt ich sehr eingehende schriftliche und mündliche Information von dem Herrn Hoiesteretsadvocat C. Unger in Christiania.

Stadtgerichten in Christiania und Bergen, dagegen als Ober-Apellationsgericht gegenüber den Stiftsgerichten in Christiania, Bergen und Drontheim. Neues Vorbringen bedarf besonderer gebührenpflichtiger Bewilligung, die bei Beweismitteln leicht, bei Behauptungen schwer gegeben wird. Die Mündlichkeit besteht im wesentlichen nur in dem Verlesen von Schriftsätzen. Beratung und Abstimmung sind öffentlich, der Richter der Vorinstanz wird nicht geladen. Das Jahr zerfällt in zwei Sessionen, die Januar und September beginnen, während in Dänemark nur eine Jahressession stattfindet. In allen Sachen muß vier Wochen vor Beginn der ganzen Session geladen sein. Die Appellationssumme wurde wegen Überlastung 1886 von 500 M. auf 1125 M. erhöht, doch kann auch hier von der Summe abgesehen werden. Trotzdem ist die Belastung geblieben. Es wurden anhängig 1899: 242 Sachen, abgemacht aber nur 177, 1900: 282, davon abgemacht: 171; 1901: 334, davon abgemacht: 175, 1902: 326, davon abgemacht: 172, 1903: 300, davon abgemacht: 190. Für die gegenwärtige Session sind abgesehen von Handels- und Enteignungssachen, 461 Zivilsachen vorgemerkt, von denen voraussichtlich $^3/_4$ auf die nächste Session übergehen müssen.

Die Reformarbeiten unter Leitung des verstorbenen Reichsanwalts Getz und dann des jetzigen Ministerpräsidenten Hagerup sind schon lange im Gange und haben zur Veröffentlichung von Entwürfen geführt,[1]) welche sich in vielem der österreichischen Zivilprozeßordnung angeschlossen haben. Merkwürdigerweise will man die Appellationsgerichte ganz abschaffen und das Hoiesteret direkt über die Landgerichte setzen, sodaß die großen Sachen nur zwei Instanzen, die kleinen dagegen drei Instanzen haben würden. Das nach wie vor Anke genannte Rechtsmittel wird bei der Vorinstanz eingelegt, durch den Vorsitzenden vorgeprüft und nach mündlicher Verhandlung, auf die verzichtet werden kann, erledigt. In den Sachen über 1350 M. soll die Anke als Appellation behandelt werden, in den kleineren dagegen als Rechtsrevision. Die Berücksichtigung der prozessualen Verstöße von Amtswegen ist sehr eingeschränkt. Beschwerden sollen nicht durch das ganze Kollegium, sondern durch einen Ausschuß erledigt werden.

§ 8.

Neuere deutsche Entwicklung.

In Deutschland wurde die Ober-Berufung zunächst beibehalten, als mit dem Ende des alten Reiches das Reichs-Kammergericht durch die partikularen Ober-Appellationsgerichte ersetzt werden mußte. Aber

---

[1]) Benutzt habe ich die beiden 1902 erschienenen Entwürfe: Udredninger og udkast til civilprozessreformen af Bernhard Getz, adgivne af F. Hagerup, und: Udkast til lov om domstolenes ordning med motiver. Udarbeidet af den ved kgl. resolution af 3 dje jannar 1891 nedsatte Kommission.

im Laufe des 19. Jahrhunderts wurde die Ober-Appellation im großen Umfange verdrängt. In einem Falle geschah dies dadurch, daß man an ihre Stelle die Nichtigkeitsbeschwerde setzte, und zwar in ihrer ganz reinen, auf Prozeßmängel beschränkten Form, ohne Nachprüfung des materiellen Rechts, nur mit der Maßgabe, daß im Nichtigkeitsfalle das Ober-Appellationsgericht selbst Recht sprechen konnte. Es geschah dies in der Hannoverschen Zivilprozeßordnung von 1850. Die Maßnahme hat sich schlecht bewährt, sie ist nirgends nachgeahmt und mit dem Ende der Hannoverschen Prozeßordnung im Jahre 1879 ist die Nichtigkeitsbeschwerde als alleiniges Rechtsmittel überhaupt aus dem geltenden Recht verschwunden.

Im übrigen handelt es sich nur um Einführung der Rechtsrevision. In der französischen Gestalt ist sie, mit Ausnahme von Baden, überall zur Geltung gelangt, wo das französische Recht überhaupt Eingang fand, außerdem aber in Oldenburg, Braunschweig und schließlich auch in Bayern.

In Preußen, welches seit 1748 im Ober-Tribunal einen die Reichskompetenz ausschließenden obersten Gerichtshof besaß, bestand bis 1833 die Ober-Appellation unter dem Namen „Revision". Zunächst gab es eine Revisionssumme von 600 M. nur für Preußen und Schlesien. Die Verordnung vom 13. März 1803 berichtet, daß das Ober-Tribunal der vermehrten Zahl seiner Mitglieder ungeachtet wegen des durch die zugenommene Bevölkerung und den durch sie in unseren Staaten in neueren Zeiten einverleibten Provinzen entstandenen Zuwachs der Geschäfte nicht mehr im stande ist, die demselben aufgetragenen Entscheidungen in letzter Instanz zu bestreiten, mithin es nötig ist, die Zahl der an diesen obersten Gerichtshof gelangenden Sachen mehr einzuschränken. Statt Einführung der Rechtsrevision traf man folgende Maßnahmen: 1. allgemeine Einführung der Rechtssumme von 600 M., 2. Erhöhung auf 1200 M. im Falle der Konfirmität, 3. Verweisungen der Revisionen unter 1500 M. und in Ehe-, Alimenten-, Bau- und Servitutensachen außerhalb Brandenburgs und Pommern an benachbarte Oberlandesgerichte.

In den durch den Pariser Frieden gewonnenen bezw. zurückgewonnenen Provinzen mit preußischem Recht wurde sogar der Zug an das Ober-Tribunal von einem Objekt von 6000 M. abhängig gemacht. Obwohl Gründe in den Urteilen fehlten — erst seit 1825 waren sie bei Abänderung eines konformen Appellations-Urteils geboten — wuchsen die Reste derart, daß die Verteilung der Sache zum Spruch erst 1 Jahr nach Eingang erfolgen konnte. Ein Abhilfevorschlag, welcher die Revisionssumme auf 15 000 M. erhöhen wollte, wurde nicht ernst genommen. Dagegen führte nun die Verordnung vom 14. November 1833 die Rechtsrevision unter dem Namen „Nichtigkeitsbeschwerde" ein. Die bisherige Ober-Appellation blieb nur bei Difformität der Vorentscheidungen und einem Objekt über 1500 M. bestehen. Im übrigen gab es nur Rechtsrevisionen, für welche eine Beschwerdesumme nicht verlangt wurde. Nur in Bagatellsachen bis 150 M fiel sie aus.

Die preußische Nichtigkeitsbeschwerde unterschied sich von der französ'schen Kassation durch den Wegfall der chambre des requetês und ihrer Vorprüfung und den Wegfall der Mitwirkung der Staatsanwaltschaft. Die Beschwerdeschrift mußte die Angriffspunkte genauer formulieren, wie im französischen Recht, und waren nur diese Angriffe Gegenstand der Verhandlung. Im Falle der Zurückweisung war die Vorinstanz an die Rechtsanschauung des Ober-Tribunals sofort gebunden. Übrigens konnte das Ober-Tribunal bei Spruchreife auch in der Sache selbst erkennen. Die prozessualischen Angriffspunkte waren im Gesetz erschöpfend angegeben. Zu ihrer Berücksichtigung wurde Rüge in der Vorinstanz verlangt, soweit diese möglich war. Zu den prozessualischen Nichtigkeiten gehörte auch die Aktenwidrigkeit und der Mangel von Gründen. „Es ist dies, bemerkt Waldeck,[1] in bezug auf den letzten Punkt, nach der gewiß vernünftigen Praxis des Ober-Tribunals auf den Fall zu beschränken, wenn für das Ganze oder doch den speziellen Punkt des Decisi, wenn letzterer vorhanden, die Gründe fehlen, nicht auf die unterlassene Beurteilung eines etwa für die Streitpunkte geltend gemachten Moments auszudehnen, wozu der Versuch mitunter gemacht worden ist."

Die ursprünglich eingeführte Succumbenzstrafe bis 150 M. wurde 1851 wieder aufgehoben. Das Ober-Tribunal hat sehr prompt gearbeitet Die größte Leistung war die des dritten Senats im Jahre 1839,[2] 764 Urteile, darunter 161 Revisions-Urteile. Aufgehoben wurden durchschnittlich nur 20 % Man klagte hier und da über die zu enge Begrenzung der prozessualischen Angriffe und die zu formalistische Begründung der Nichtigkeitsbeschwerden. Gleichwohl sagte Waldeck noch 1861 von der Verordnung von 1833: „Erst dieses Gesetz gab dem Ober-Tribunal die Bedeutung eines höchsten Gerichtshofes, Hauptausgangs- und Rücksichtspunkt für Theorie und Praxis zu werden."

Das preußische Gesetz ist bis 1879 nicht mehr geändert worden. Alle Reformbestrebungen und insbesondere der Entwurf von 1864 gingen aber dahin, die Ober-Appellation ganz zu beseitigen und die Rechtsrevision, also die Nichtigkeitsbeschwerde der preußischen Terminologie, zum alleinigen Rechtsmittel zu erheben und nur einzelne Verbesserungen anzubringen, wobei neben dem Formalismus der Begründung die Befugnis zum Spruch in der Sache selbst und auch die Umgrenzung der prozessualischen Nichtigkeiten in Frage kam. Waldeck erklärte sich mit Entschiedenheit gegen den durch seine Einfachheit bestechenden Vorschlag, alle Prozeßvorschriften für revisibel zu erklären, deren Beachtung eine andere Entscheidung hätte herbei-

[1]) Nichtigkeitsbeschwerde S. 66.

[2]) Vergl. die bis 1855 reichende Tabelle bei Waldeck, Nichtigkeitsbeschwerde S. 166 ff.

führen können. „Ich befürchte, sagte er, eine so allgemeine Vorschrift würde ihr Regulativ nur vermöge einer Praxis erlangen können, welche das Schwankende der jetzigen Unterscheidungsweise nur auf ein anderen Terrain verlegen und dagegen die Zahl der Nichtigkeitsbeschwerden so sehr vermehren dürfte, daß dadurch das Ziel, faktische Würdigungen auszuschließen, leicht völlig verfehlt werden könnte, da der Nichtigkeitsrichter sich dann notwendig erst auf den Standpunkt dei ganz freien Beurteilung des Sach- und Rechtsverhältnisses stellen müßte, um zu dem richtigen Resultate zu gelangen, womit Vorteil und Zweck des Rechtsmittels verloren ginge.“ Waldeck empfahl deshalb eine von ihm entworfene Spezialisierung der Prozeßverstöße beizubehalten, die in den Sachen unter 300 M. noch verringert werden sollten. Unter ihnen befand sich der Widerspruch der Formel mit den Gründen, Mangel des rechtlichen Gehörs, Übergehung von Tatsachen und Beweisen, und Widerspruch gegen den Wortlaut von Partei- und Zeugenaussagen.

In denselben Bahnen bewegten sich die Beschlüsse des ersten und zweiten Juristentages von 1860/61. Der württembergische Obertribunalsrat v. Sternenfels[1]) betonte hier namentlich die Notwendigkeit des Ausschlusses der Auslegung der Verträge von der Tätigkeit des obersten Gerichts.

Die deutsche Zivilprozeßordnung von 1877 hat diesen Bestrebungen insofern Rechnung getragen, als sie als alleiniges Rechtsmittel dritter Instanz die Rechtsrevision angenommen hat. Die schließliche Ausgestaltung zeigt aber erhebliche Besonderheiten, sowohl gegenüber dem französischen, österreichischen und preußischen Verfahren. Das Gesetz selbst ergibt bereits folgende Eigentümlichkeiten:

1. Erledigung der Armenrechtsgesuche und auch der Beschwerden durch die Senate selbst in voller Besetzung.
2. Keine feste Begrenzung der prozessualen Nichtigkeiten. Es genügt, daß die Entscheidung aus der Verletzung eines Prozeßgesetzes beruht.
3. Beschränkung der Rechtsrevision auf die revisiblen Rechtsnormen. Doch wurde bei dem Mangel einheitlichen bürgerlichen Rechts Landesrecht in erheblichem Umfange für revisibel erklärt.
4. Keine obligatorische schriftliche Begründung, infolgedessen die Anwälte des Reichsgerichts in der Tat nicht selten von jeder Rechtfertigungsschrift absehen oder ganz verspätet damit kommen.
5. Keine Vorprüfung der direkt bei dem Reichsgericht anzubringenden Revision.

[1]) Verhandlungen des zweiten Juristentages, I, Seite 31.

6. Vollständige mündliche Verhandlung seitens der Parteien ohne Einleitung durch eine Berichterstattung, im ganzen nach der Schablone erster Instanz.
7. Befugnis zur Entscheidung in der Sache selbst, wenn sie spruchreif erscheint.
8. Als Schutz gegen Überlastung, den man für notwendig hielt wählte man nicht die Succumbenzstrafe, sondern die Revisionssumme. Mit gewissen Ausnahmen, namentlich einem hauptsächlich in Steuersachen praktischen fiskalischen Privilegium, wurde an der preußischen Revisionssumme von 1500 M. festgehalten, aber mit dem großen Unterschiede, daß sie nun als Voraussetzung der Rechtsrevision und nicht der Ober-Appellation gegeben war, und daß für geringere Sachen nun ein Rechtsmittel dritter Instanz vollständig fehlte, während in Preußen für diese die Rechtsrevision geblieben war.

Die Revisionssumme wurde in der Reichstags-Kommission gegen den Widerspruch der Regierungs-Kommissare unter Änderung des Regierungsentwurfs beschlossen, welcher nur bei Konformität der Vorentscheidungen die Rechtsrevision ausschließen wollte. Gegen den Ausschluß bei konformen Entscheidungen wurde geltend gemacht, daß die Konformität nur eine scheinbare Garantie der Rechtssicherheit gewähre, und daß die Anerkennung der Unanfechtbarkeit einer bestätigenden Entscheidung, eine die Rechtseinheit zerstörende und namentlich die Handhabung der Reichsgesetze erschwerende Praxis fördern könne.

Die Regierungs-Kommissare betonten dagegen, daß die willkürliche und gewalttätige Revisionssumme dem bisherigen Rechtszustande gegenüber als sehr harter Eingriff erscheinen würde, daß man ein Reichsgericht nur für die Reichen schaffe und daß jenes Privilegium der Reichen härter empfunden würde, als die gänzliche Unanfechtbarkeit der Berufungsurteile. Die Erwartung, daß trotz der Revisionssumme alle Rechtsfragen nach und nach zum obersten Gerichtshof gelangen würden, werde sich nicht erfüllen.

Neben diesen, direkt aus dem Gesetz hervorgehenden Eigentümlichkeiten müssen aber auch die Besonderheiten in Betracht gezogen werden, welche auf der Gerichtspraxis beruhen. Es fehlt in dieser Beziehung in Deutschland noch durchaus an einem Werke, welches ähnlich dem von Crépon die Revisionspraxis des Reichsgerichts erschöpfend darstellt. Es würde dazu die Benutzung auch der ungedruckten Entscheidungen unerläßlich sein. Ein Erschwernis derartiger Ermittelungen liegt gegenüber Frankreich auch darin, daß die Mehrheit der Senate eine dauernde Verschiedenheit der Praxis in verschiedenen Punkten im Gefolge gehabt hat, so namentlich auch bezüglich der Frage, wieweit die Auslegung der Rechtsgeschäfte der Nachprüfung unterliegt.

Für den hier verfolgten Zweck sind namentlich zwei Punkte hervorzuheben:

1. Die sogenannte freie Revisionspraxis. Das Reichsgericht ist darüber einig, daß die Parteien die einzelnen Revisionsangriffe weder schriftlich noch mündlich bestimmt zu bezeichnen oder zu begründen brauchen, und daß das Reichsgericht die Aufgabe hat, von Amtswegen zu prüfen, ob irgend ein, wenn auch von den Parteien garnicht geltend gemachter Revisionsgrund vorhanden sei. Damit ist die, gewöhnlich bei der Rechtsrevision auch auf den Rechtsgrund erstreckte Verhandlungsmaxime in dieser Hinsicht aufgegeben.

2. Im Zusammenhang damit steht die gewiß auf bester Absicht beruhende Neigung zu Übergriffen in das tatsächliche Gebiet, die freilich bei den verschiedenen Senaten verschieden ist. Ein erschöpfender Nachweis würde auch hier nur durch das ungedruckte Material zu führen sein. Ich habe in meinen früheren Darlegungen[1]) nur einzelne Belege geben können, auf deren Vermehrung ich heute bei der vorgerückten Zeit verzichten muß. Übrigens werden diese allen Mitgliedern der Ober-Landesgerichte bekannten Eingriffe kaum ernstlich bestritten. Es genügt daher, daß ich auf den in der hiesigen juristischen Gesellschaft gehaltenen Vortrag des Oberlandesgerichts-Präsidenten Hamm Bezug nehme. Hamm sagte[2]): „Während früher die dem Übergriff in das Tatsächliche geneigten Senate solchen Übergriffen gern das Schamblättchen der Verletzung irgend einer Prozeßnorm vorbanden, tut man sich jetzt mindestens bei einem Senat, wie mir dessen Präsident erzählt hat, auch diesen Zwang nicht mehr an und hebt ungeniert wegen unrichtiger tatsächlicher Feststellung auf.“

Damit wird natürlich die Rechtsrevision ihres eigentlichen Charakters entkleidet und zur Ober-Appellation zurückrevidiert,[3]) an welche bei Gründung des Reichsgerichts auch noch manche Mitglieder desselben gewöhnt waren.

In einem gewissen Zusammenhange damit steht der 1895 von dem Reichsgerichts-Senatspräsidenten Bolze[4]) gemachte Vorschlag, daß dem Reichsgericht durch Gesetz auch die Nachprüfung und Abänderung der tatsächlichen Feststellung zu übertragen, also die jetzige Praxis gewissermaßen gesetzlich zu sanktionieren sei. Es darf dabei aber nicht verschwiegen werden, daß Bolze Gegner der schablonenhaften obligatorischen Möglichkeit ist und energisch für obligatorische schriftliche Begründung in einer Ausschlußfrist eintritt.

---

[1]) Vgl. Iherings Jahrbücher 38, S. 313 ff., Entlastung S. 29 ff.

[2]) So berichtet der Präsident des Oberlandeskulturgerichts, vormalige Reichsgerichtsrat Rintelen in seinem Aufsatze „Die Entlastung des Reichsgerichts“ („Vossische Zeitung“ Nr. 141, 1904, 6. Beilage.)

[3]) Vgl. die ernste Mahnung des Kammergerichtsrats a. D. Keyßner in der Zeitschr. f. d. ges. Handelsrecht, 35, S. 553.

[4]) „Zur Reform des Rechtsmittels der Revision“, Archiv für die zivilistische Praxis 84, S. 358 ff.

Bolze meinte dabei, daß von der Ausdehnung der Kognition auf das Tatsächliche eine Überlastung des Reichsgerichts in keiner Weise zu befürchten sei, im Gegenteil. Um das zu würdigen, müssen die Geschäftsverhältnisse des Reichsgerichts klargelegt werden. Die Zahl der Revisionen in Zivilsachen ist, vielleicht unter dem Einfluß der Neuheit des Bürgerlichen Gesetzbuchs, welche ja aber auch gerade eine recht ausgiebige Tätigkeit des Reichsgerichts in der nächsten Zeit gebieterisch erheischt, von 2600 im Jahre 1900 auf 3795 im Jahre 1903 gestiegen, eine Zunahme von fast 50 %. Die Zahl ist erheblich größer als in Frankreich, aber keineswegs abnorm. Das Gebiet des Wiener obersten Gerichtshofs umfaßt nur die Hälfte der Einwohnerzahl des deutschen Reiches und dort sind 1903 6495 Zivil-Revisionsurteile gesprochen. In Österreich werden also im Verhältnis 3½mal soviel Revisionen eingelegt wie im Deutschen Reich. Die angebliche übermäßige Prozeßlust der Reichsdeutschen und ihre Vorliebe, überflüssiges Geld in Prozeßkosten anzulegen, ist ein Märchen. Rein sachlich betrachtet, besteht kein Bedürfnis, die Revisionen einzuschränken.

Um die Klagen über Überlastung des Reichsgerichts, welche so alt sind wie dieses selbst,[1] aber jetzt unter Berufung auf sensationelle Terminshinausschiebungen[2] besonders laut hervortreten, richtig würdigen zu können, wird die Geschäftslast des Reichsgerichts mit den Jahrespensen früher in Preußen und jetzt in Frankreich und Österreich zu vergleichen sein.

In Preußen sind als maximum einmal von einem Senat 764 Urteile, darunter 161 Ober-Appellationsurteile geleistet worden. Auf den Präsidenten kamen hier 764, auf den Rat 127 Urteile. Im Jahre 1855 kamen als Durchschnitt auf die Präsidenten etwa 500, auf die Räte etwa 80 Sachen. In Frankreich hat die chambre des requêtes mit drei wöchentlichen Sitzungen im Gerichtsjahr 1901/02 660 Urteile gefällt, sodaß auf den Präsidenten 660, auf den Rat allerdings nur 44 Urteile kamen. In Österreich aber, wo auf jedes Mitglied fast vier Sitzungen in der Woche fallen, kamen 1903 auf jeden Präsidenten 1620 Urteile und auf jeden Rat 135 Urteile.

In dem deutschen Reichsgericht, welches 7 Senate mit 59 Mitgliedern und zwei wöchentlichen Sitzungen hat, fielen 1901 auf den am geringsten beschäftigten Senat nur 266 Urteile, also für den

---

[1]) Näheres: „Entlastung" S. 6.

[2]) -n. (Reichsgerichtsrat Spahn?) kündigt in der „Germania" (Wiss. Beil. No. 47 v. 17. Nov. 1904) an, das Reichsgericht werde die Erhöhung der Revisionssumme dadurch erzwingen, daß es „seine Verhandlungstermine in einer die Arbeitskraft seiner Mitglieder mehr schonenden Weise hinausrückt, und die Reichs-Justizverwaltung kann abwarten, ob die Verschleppung der Revisionen unsere Bevölkerung gegen den Reichstag rebellisch macht".

Präsidenten 266, für jeden Rat 45 Urteile. Nimmt man an, daß in den 1903 anhängig gewordenen 3795 Sachen 3500 Urteile zu sprechen sind, so ergibt sich bei gleichmäßiger Verteilung auf die 7 Senate eine Arbeitsleistung von 500 Sachen für den Präsidenten und von 83 Sachen für den Rat. Das entspricht also, rein rechnerisch betrachtet, fast genau der Durchschnitts-Geschäftslast des preußischen Obertribunals im Jahre 1855. In Frankreich ist allerdings die Urteilszahl der Räte erheblich geringer, die des Präsidenten aber bedeutend höher. In Österreich hingegen erledigt jedes Mitglied $2^1/_2$mal so viel Urteile und jeder Präsident $3^1/_2$mal so viel Urteile als bei Zugrundelegung der jetzigen Geschäftslast auf die Präsidenten und Räte des Reichsgerichts fallen würde.

Die Überlastung des Reichsgerichts kann also, wie diese Vergleichung ergibt, nicht in der Zahl der Revisionen, sondern nur in der Gestaltung des Verfahrens, insbesondere der Durchführung, ja Überspannung des Prinzips der reinen Mündlichkeit in großen wie in kleinen Sachen und in der Belastung mit Nebengeschäften ihren Grund haben.

Hierauf bin ich an einer anderen Stelle näher eingegangen,[1] und will hier nur mitteilen, daß mir aus dem Kreise des Reichsgerichts von kompetentester Seite eine Äußerung zugegangen ist, welche dahingeht, daß ich in allen Punkten den Nagel auf den Kopf getroffen, überall das Kind beim richtigen Namen genannt, und besonders der Anwaltschaft beim Reichsgericht gegenüber so recht ins Schwarze getroffen habe, sodaß ich dem Schreiber im großen und ganzen gewissermaßen aus dem Herzen geschrieben habe.[2]

Daß ich den materiellen Ergebnissen der reichsgerichtlichen Rechtsprechung im ganzen volle Anerkennung zolle, möchte ich auch hier hervorheben.

§ 9.
Ergebnisse.

Die Rechtsvergleichung hat sich in dieser Materie m. E. fruchtbar erwiesen und ergibt folgende allgemeine Wahrheiten:

1. Eine dritte Instanz in Zivilsachen erscheint unentbehrlich.
2. Dieselbe kann aber nicht als Ober-Appellation, sondern nur als Rechtsrevision ausgestaltet werden.
3. Bei der näheren Ordnung des Revisionsverfahrens ist auf dessen Zweck und Eigentümlichkeit Rücksicht zu nehmen,

[1]) Entlastung Seite 22 ff.

[2]) Die in allen wesentlichen Punkten auf gleichem Boden stehende Abhandlung des Reichstagsmitglieds Otto Schmidt „Zur Überlastung des Reichsgerichts in Zivilsachen" (Berlin, W. Moeser) befand sich zur Zeit dieses Vortrages unter der Presse.

und eine schablonenhafte, doktrinäre Festhaltung der Regeln und Maximen der ersten Instanz, namentlich des Mündlichkeitsprinzips zu vermeiden,[1]) insbesondere obligatorische schriftliche Begründung und richterliche Berichterstattung zu fordern, auch dafür zu sorgen, daß die Praxis die Grenze zwischen Rechts- und Tatfrage streng einhält. Es kann auch z. B. für die kleineren Sachen von der Mündlichkeit ganz abgesehen werden.

4. Während bei der Ober-Appellation zur Vermeidung der Überlastung des höchsten Gerichtshofs die Einschränkung des Rechtsmittels durch Beschwerdesummen und andere mechanische Hilfsmittel notwendig erscheint, dann aber im Interesse des gleichen Rechts für alle in den ausgeschlossenen Sachen wenigstens ein beschränkteres Rechtsmittel gegeben werden muß, erweist sich, wie auch Lothar Seuffert[2]) annimmt, eine derartige Maßnahme bei der Rechtsrevision nicht nötig, wenn sie zweckmäßig gestaltet und praktisch gehandhabt wird.

Ich möchte den Vortrag nicht schließen, ohne den zahlreichen Freunden zu danken, die mich in bezug auf fast alle europäischen Staaten durch Auskunfterteilung unterstützt haben.

[1]) So auch Lothar Seuffert in der Zeitschrift für deutschen Zivilprozeß, 33, Seite 445, ferner Reichsgerichtsrat Wilibald Peters, Prozeßverschleppung, Prozeßumbildung und die Lehren der Geschichte, 1904 dazu meine Anzeige im Lit. Zentralbl. No. 33, S. 1099.

[2]) a. a. O., Seite 439.

GPSR Compliance

The European Union's (EU) General Product Safety Regulation (GPSR) is a set of rules that requires consumer products to be safe and our obligations to ensure this.

If you have any concerns about our products, you can contact us on ProductSafety@springernature.com

In case Publisher is established outside the EU, the EU authorized representative is:

Springer Nature Customer Service Center GmbH
Europaplatz 3
69115 Heidelberg, Germany

Batch number: 10844827

Printed by Printforce, the Netherlands